www.ingramcontent.com/pod-product-compliance
Lightning Source LLC
Chambersburg PA
CBHW071318120626
46546CB00002B/370
*9781967963744*

# سرشک

## چهارمین گزیده اشعار

*

# دکتر هرمز منصوری

*

برای آنها که با عشق زنده اند
و با شعر همزبان

\*

جز آب دیده ز عشق تو، آبروئی نیست
بیار باده که هنگام آب انگور است

\* \* \*

تقدیـــــم :


به همسر نازنینم، ویـــدا

و فرزندان دلبنـــدم بهـــزاد، بهنـــاز و فرشـــاد.



\* \* \* \* \*


بر شـــاخه تو گلبـن گلـــزار عمـــر من
بشکفت غنچـــه های پرثمر نوبهـــار من

# سپـــاس
*

\* سپاس فراوان بر همسر دلبندم ، ویـدا،
بهترین منبع الهام و والاترین مشوق و پشتیبان من.
جمع آوری اشعار و تدوین این مجموعه بدون حمایت، راهنمائی،
نکته سنجی و از خود گذشتگی وی هرگز امکان پذیر نمیشد.

\* سپاس قلبی من همچنین تقدیم خواهر عزیزم، هما و برادر
دانشمندم، جهانشاه، که هر دو وفادار ترین مشوق و حامی من در
فعالیتهای ادبی و فرهنگی ام بوده اند.

\* سپاس و امتنان فراوان من بر کارمندان و متخصصین شرکت
Savvy Book Marketing، که با دقت و کاردانی چاپ این
کتاب را انجام داده اند.

با آرزوی سعادت و شادکامی

هرمز منصوری

\* \* \*

# فهرست
\*

ix

xi

\* \* \*

# پیش گفتــار
*

از دیده گر سرشک چو باران چکد رواست
کاندر غمت چو برق بِشُد روزگارِ عمر
حافظ

سرشک . . . اشک . . . ژاله . . . این واژه های زیبا و خیال
انگیز گوهرهای درخشانی هستند که کاشانه شاعر نازک دل و پر
احساس را در غم و افسردگی ، در سرور و شادمانی و در خلال
امید و آرزو های دور دست ، چون رنگین کمانی در پهنه آسمان
تخیل ، منوّر و پرفروغ مینمایند. اینچنین است که در غم و
افسردگی باران سرشک به دامان میریزیم و در شادی و شادمانی
اشک شوق میباریم.

شعر نیز همانند سرشک دیده، همپای تحولات احساساتی و روانی
انسانی ، همنشین و همزبان غمها و شادی های ما است و چه بهتر
از زبان شعر که با ترنمی دلنشین از تار دل بیقرار شاعر بر می
خیزد و در اعماق روح و روان و احساسات شیفتگان شعر و ادب
مینشیند.

به قول خواجه شیراز:
دور از رخ تو دم به دم از گوشه چشمم
سیلاب سرشک آمد و طوفان بلا رفت

1

و آن دم که حال دل عاشق دل خسته از درد فراق به ناامیدی میگراید، باز به زبان لسان الغیب :

سیلِ سرشک ما ز دلش کین به در نَبُرد
در سنگِ خاره قطرهٔ باران اثر نکرد


زبان شعر براستی زبان دل ما ایرانیان است زیرا شعر پارسی آنچنان دامنه های وسیع و فراگیر و افق های بازی دارد که تمام طبقات اجتماع، از مردم کوچه و بازار گرفته تا اساتید و بزرگان علم و ادب، احساسات و عواطف و آمال و آرزوهای خود را در زبان شعر بمراتب گویا تر، شیرین تر و دلنشین تر می یابند.
فکر و ذهن و احساسات ما آنچنان با شعر خوی گرفته است که اکثراً با تنوع آهنگین و گوشنواز مصرع ها، با زیبائی ظاهری واژه ها ، اوزان و قافیه ها دلخوش هستیم ، حتی اگر به عمق معنی و مفهوم شعر، به پیغام اصلی شاعر و به آنچه که هدف و مقصود شاعر در سرودن شعر بوده است پی نبریم.


با تمام این تفاصیل، شعر در هر شرایطی یک دنیا لطف و زیبائی و طراوت به زندگی یکنواخت و روزمره ما می افزاید.
شعر آهنگی است دلنشین و ترنمی است روح افزا. دریچه ای است به دنیای تخیل و رؤیا، مرهمی است بر دلهای افسرده و افکار آزرده و نور امیدی است بر آمال و آرزوهای انسانی.


چون رود سرشک دیده جاری است هنوز
دلتنگــی مــا ز بیقـراری است هنــوز
شب رفت و خیال چشم مستت با ما است
این خواب و خیال از خماری است هنوز

دلبستگی من به شعر از دوران خردسالی آغاز گردید. پدر من ، زنده یاد منصور منصوری، مردی ادیب، نویسنده و شاعر شیرین سخنی بود و اجداد پدری من نیز گرایش فراوان به شعر و ادب پارسی داشته اند، از اینرو به قول نادر پور یکی از دو شرط هنر شاعری، استعداد و ذوق و طبع شعر، که ذاتی و موروثی است، در من وجود داشت. شرط دوم که اکتسابی است و لزوم به آموزش فنون سرودن شعر دارد در اوان جوانی در دامان پدر و خانواده فرهنگ پرور ما نصیب من گردید و با مطالعه اشعار بزرگان و خود آموزی پی گیر ، با وجود اشتغال به تحصیلات پزشکی و گرفتاریهای شغلی، ادامه یافت.

اولین گزیده اشعار من در سال ۱۹۹۸ میلادی تحت عنوان «شمع دل» در امریکا انتشار یافت. طرح جلد این کتاب و تصویرهائی در متن کتاب با قلم هنرمند مشهور استاد محمد علی دولتشاهی، که خود شاعری خوش ذوق و طنز نویس است مزین گردید.

در مقدمه کتاب شمع دل ، توصیف یا تعریفی که برای شعر نموده ام از اینقرار است:


شعر بازتابی است از اندیشه و خیال . . .
تصویری است از تفکر و إحساس . . .
ترنمی است از لرزش تار دل . . .
افسانه ای است از اسرار نهان . . .
انعکاسی است از آئینه دل . . .
موجی است خروشان از دریای إحساس . . .
رنگین کمانی است در آسمان تخیل . . .
آهنگی است گوشنواز . . .
کلامی است دلنشین . . .


۳

شعر زبان دل است . . . زبان دل من . . .

دومین کتاب گزیده اشعار من، تحت عنوان « ترنم شعر » در سال ۲۰۱۹ میلادی به چاپ رسید. یکی از خصوصیات شعر کلاسیک پارسی آهنگین بودن شعر و ترنمی است که شعر را گوشنواز میکند و از اینرو به دل مینشیند و تأثیر و نفوذ آن در خواننده یا شنونده بمراتب از نثر یا کلام معمولی و روزمره بیشتر و عمیق تر است. شایستگی و تبحر شاعر در اینست که با انتخاب واژه های مناسب و با بهم پیوستن واژه های همصدا و متجانس و آشنائی با وزن و قافیه و جناس، شعر را به زیور آهنگی دلنشین بیاراید. استاد شفیعی کدکنی در کتاب بی نظیر خود بنام « موسیقی شعر» در این زمینه به تفصیل قلم زده است.

سومین کتاب گزیده اشعار من تحت عنوان « زبان شعر » در سال ۲۰۲۳ میلادی به چاپ رسید. در پیشگفتار این کتاب ، پیرو تقسیم بندی ده گانه زبان شعر که در کتابهای قبلی نیز نوشته بودم، با توضیحات بیشتری دامنه های وسیع و افق های باز و فراگیر زبان شعر را از زبان مردم کوچه و بازار تا آثار بی نظیر بزرگان شعر و ادب ایران قلم زدم.

۱- شعر زبان دل است، سخن از عشق و سرمستی است.
۲- شعر زبان عقل و منطق و فلسفه است.
۳- شعر زبان احساس و عاطفه است.
۴- شعر زبان تخیل و رؤیا ست.
۵- شعر زبان واژه نگاری و لغت پردازی است.
۶- شعر زبان نوع آوری و ابداع است.
۷- شعر زبان پند و نصیحت است.
۸- شعر زبان مختصر و مفید است.

۹- شعر زبان افسانه و حکایت ، حماسه سرائی و اسطوره است.
۱۰- شعر زبان طنز و مزاح است.

کتابی که در دست دارید مشتمل است بر اشعاری که بعد از چاپ کتاب « زبان شعر » سروده ام باضافه دست چینی از اشعار کتابهای پیشین و نمونه های بیشتری از اشعار نو، اکثراً در قالب اشعار نیمائی.
آنچه از نظر من در کتاب «سرشک» نمایان است دیدگاهی است فلسفی که در دوران کهنسالی و پیرانه سری تحول افکار و پنداشت های مرا از دوران جوانی و شباب بسوی شناخت بیشترِ ناپایداری عمر و حیات و ارزش ایام و لحظه های زودگذر زندگی سوق میدهند و امید به اینکه « شاید در ته این جامی که زندگی را در آن مینوشیم قطره عسلی مانده باشد.»
بقول زنده یاد، هوشنگ ابتهاج (سایه):

نثار آه سحر می کنم سرشک نیاز
که دامن توام ای گل زدسترس نرود

با آرزوی سلامت و شادکامی برای ادب دوستان و شیفتگان شعر پارسی.

هرمز منصوری

با استقبال از شعر استاد سخن ، سعدی
« او میرود دامن کشان ، من زهر تنهائی چشان »
« دیگر مپرس از من نشان کز دل نشانم میرود »


# افســـانه

*


ســرو خرامان از برم، دردا چو جانم میرود
خـم گشتـه ازغـم قامتم، ابرو کمـانم میرود

بـا دلبر فتـانه ام سرخوش از این افسـانه ام
آن دم که مست از چشم او لفظ و بیانم میرود

سر می نهم بـر دامنش تا خـوش نشانم با منش
هـر دم کـه ســرو قامتش در بوستـانم میرود

تا گم کند از من نشان میرفت ومن دامن کشان
گفتـم بـه راه عشق تو نـام و نشـانم میرود

آن طـرّه پُرتاب را ســوی منت پَرتاب کن
کـز حسرت گیسوی تـو تـاب و توانم میرود

با آن لـب میگـون تو، دانی کـه من دیوانه ام
آن دم کـه از کاشـانه ام شیرین زبانم میرود


7

تا میزنم زخمـه به سـاز ای بت بیا با من بساز
بس کن تو این سـوز وگداز آخر روانم میرود

هرمـز، کزاو یابـم نشـان چشمم بود بر آستان
ترسم به هـر کوی و مکان این داستانم میرود

\* \* \*




# آغوش خالی
\*

تـو از مـن دوری و در حسـرت تـو
نمیـدانی مـرا امشب چه حالی است

در آغـوش کـه میخوابی تـو امشب
کـه درآغوش من جای توخالی است

\* \*

8

# نوش لب

*

گفتـم لبت بنـوشـم، گفتی مگـر کـه جام است
گفتـم که نوش آن لب بیش از قدح به کام است

مست از خمـار چشمت، سـودای عشق جویـم
تا باده ات به میناست ، کـار دلـم تمـام است

وصف جمالت ای گل میخانه را به هم ریخت
افسـون قـامت تـو ، افـزونتـر از کـلام است

از نـاز و غمـزه تـو ، زخمی بـه دل نشستـه
کـی زخـم دلنشینت، خـواهـان التیـام است

پیش تـو شـاه خوبان ، بـاشـم غـلام درگـاه
شـادم کـه در جـوارت ، عالیترین مقام است

در جمع می پرستان ، نوش لب توغوغـاست
آنکس که رفته از هوش جزمن بگو کدام است

آسـایش دو گیتـی ، هـرمـز کجـا بجـویـد
جز خاک کویت ای جان عمری که بادوام است

* * *

9

# یک لحظه بود و یک عمر

*

یک لحظه بود و یک عمر، در خاطرم بمانده
برقی که از نگاهی، آتش به دل نشانده
سوزنده بود و گشتم ، وامانده و پریشان
توفنده بود و ماندم، در پیچ و تاب توفان

من در پی اش نبودم، غافل مرا به خود خواند
ناخوانده بود و آمد ، در خانه دلم ماند
چون تیرِ آتشین بود ، آن دم که سویم آمد
غافل که تند و سوزان، در جستجویم آمد

یک لحظه بود و یک دم ، در جای خویش ماندم
راه گریز دیگر ، درپیش خود ندیدم
گم گشته بودم امّا، در قالب تن خویش
سر گشته بودم امّا، غافل ز ماندن خویش

آن دم که عقل و هوشم، با یک نظر ز سر رفت
از خود هر آنچه بودم، آن لحظه از نظر رفت
فانوس ماه آن شب بر سقف کوچه آویخت
سیمین حریر مهتاب بر قامتش فرو ریخت

از پیکـرش به دیـوار ، تصــویر ســایه ای بود
از پیـچ و تـاب زلفـش ، نقش و نشـانه ای بود
دیدم نگـــاه گـــرمش ، در جستجـــوی مـن بود
چـون تیـر آتش افروز،  چشمش بسوی من بود

آن آتـش شـرر بار ، کان لحظـه بر سرم ریخت
بـرق نگـــاه مـا بود ، آن دم کـــه در هـم آمیخت
ســوزنــده بــود و جـوشان، اما چه دلنشین بود
آرام جـان و دل بـود ، هـر چنـد آتشیـن بـود

مهتــاب رفت و بگـریخت آن ســایه اش ز دیـوار
من مانـدم و پریشـان ، مبهوت و مست و بیمـار
یک لحظــه بود و بگـذشت ، توفان یک نگاهش
یک عمــر رفتـه است و، من مانـده ام به راهش

* * *

11

نداند رسم یاری، بیوفا یاری که من دارم
به آزار دلم کوشد دلازاری که من دارم

رهی معیری

# بیخواب
*

جهان در خواب و وای از چشم بیداری که من دارم
شبی افسرده تر از حال بیزاری که من دارم

شبم تاریک و چشمم بر در و شمعم که میسوزد
چه بیجا انتظار از نازنین یاری که من دارم

به دام چشم مخمورش فتادم مست و بی پروا
گریزم نیست از صیّاد خمّاری که من دارم

ز تاب زلف پر چینش، درون سینه تنگم
دلی آشفته و بیتاب و بیماری که من دارم

گنه کردم نکردم جان فدای جان شیرینش
امان از آفت طبع گنه کاری که من دارم

متاعی بهتر از جان خواست درسودای عشق ازمن

چــه بازار خوشی دارد خریـــداری که من دارم

گلستــان میشــود روزی کــه بــا صد عشوه باز آید

چه گلریزی که او دارد، چه گلــزاری که من دارم

بزن هـرمـز به سـازت زخمــه، تا زخم دل آسـاید

که مرهم مینهـد بــر دل پرستــاری که من دارم

\* \* \*

## گل رؤیــا
\*

دیشب که گل رخت به رؤیا دیدم

گل گفتم و گل شنیــدم و بوئیــدم

امروز مرا عطر خیالت ماندست

زان غنچه بوسـه کز لبانت چیدم

\* \*

13

# بازگشــت
*

بیخبــر آمــد شبــی از در کاشــانــه ام
لــرزه بــه جانم فتــاد، از دل دیــوانــه ام

بــر رخ آشفتــه اش تا کــه نظــر دوختــم
آتش دیرینــه بود، کــز شــررش سوختــم

در نگهش رنگــی از الفــت پیشین نبــود
بــر لب نــازش دگــر خنــده دوشیــن نبود

خرمن ژولیــده اش چون دلــم آشفتــه بود
بــاز ندانــم کجــا دلشــده ای کشتــه بود

قــامت رعنــای او مست و خــرامــان نبود
مهــر دلش بــا منِ بــی سرو سامان نبود

گفتمش ای سرو نــاز، بهــر چه باز آمدی
یاد کن آن شب کــه با غمزه و نــاز آمدی

دادمت آن دل کــه از مهــر تو آکنــده بود
دادمت از نقـد جــان، آنچــه مرا مانـده بود

14

دادی و رفتی به قهـر ، بـود و نبودم به باد
آتش عشقت چـو بـر خـرمن جـانم فتـاد

از مـن آشفتـه دل بـاز چـه خـواهی دگر
قطـره اشکـی به رخ ، نـالـه و آهی دگر

روی به در کرد و من ترس به جانم نشست
تـا کـه مبـادا رود، آمـد و در را ببست

گفتمـش ای فتنـه یک لحظـه کنـارم نشین
بـا مـن مسکین بسـاز ، بـا دل زارم نشین

دانـم و گـویـم تو را بهر چه باز آمدی
تشنـه عشقـی کـه بـا نـاز و نیـاز آمدی

آنچـه تو خواهی ز من ، من ز تو میخواستم
دادمت از نقـد جـان ، عمـر گـران کاستم

با همه بی مهریت، بی تونخواهم که زیست
در دل شوریـده ام بـی تو مرا عشق نیست

چهره گشای ای پری چون دل تو با منست
اشک فراق من است از تـو که بر دامنست

جـان و دل مـا به هـم روز ازل بـافتند
کوره سوزان عشق از گِـل مـا ساختند

15

با تو ام ای سرو ناز، ای که تو هم با منی
با من اگر نیستی ، بی تو نباشم دمی

هر چه ز پیشم روی ، باز بیائی برم
جای تو پیش من است سایه فکن بر سرم

لحظه ای آرام شد ، آمد و با من نشست
دیده مشتاق را بر من آشفته بست

شایدم آخر شنید، ناله و فریاد من
در دل سنگش نشست ، مهر من و یاد من

آن دم کوته که من در بر خود دیدمش
نوش لبش خواستم ، رفتم و بوسیدمش

\* \* \*

16

# رؤیای مه آلود

*

به رؤیای مه آلودی
شبی بیهوده سر کردم
نه امیدی
نه پیغامی
نه رنگی از رخ ماهی
نمیدانم چگونه عاقبت شب را سحر کردم

چه سنگین است بار غم
درون سینه تنگم
چه بیحالم
چه بی رنگم
نشد آخر بگویم ، در پریشانی
خیالت را دمی از سر به در کردم

بیا با من شبی سر کن
بیا بگشای آغوشت
که در آن بستر جان پرور سیمین
مرا در خود بیامیزی
تو را در خود بیامیزم
که در رؤیای شیرین و مه آلودی
شبی را با تو سر کردم.

17

# شتاب

*

عیـد آمـد و رفت و مـا بـه خوابیـم هنوز
زایـن عمـر گـران بـه پیـچ و تابیـم هنـوز

در دشت جنـون والــه و ســرگـردانیـم
مـا تشنـه لبـان محـو ســرابیـم هنــوز

هـر روز در آرزوی نـوروز گـذشـت
غـافـل، چـو شهـاب در شتابیـم هنوز

هـر شاخـه گل چـو خـار خوارش کردیم
از کــرده خویـش در عـذابیــم هنــوز

هر چنـد بـه عقـل و هـوش خود بالیدیم
در مشکل عمــر ، بـی جـوابیـم هنــوز

دیباچــه زنـدگـی نـدانـم کـه نوشـت
در مانـده در ایـن کهنـه کتـابیـم هنـوز

هرمز به خود آی و لحظه هـا را بشمار
رفت عمـر و نـدانیـم کـه خـوابیـم هنوز

* * *

18

# سپــهـــر

*

ای سپهر نیلگـون، آن مـاه شبتـابم چـه شد
آنکـه بی تابم ز هجرش، یـار مه تـابم چه شد

در فراقش چشم بیدارم سرشک غم بریخت
در دل تاریکـی شب، راحت خوابم چه شد

آمـد و بـا غمـزه ای تـاب و توانم را ربـود
مـایـه آرامش شبهـای بـی تـابم چـه شد

روزگاری شاد وخندان بودم از شوق وصال
نو جوانی بی ثمر شد، عمر شادابم چه شد

کـی بگیـرم داد خـود از آن بـت بیـدادگـر
تا گلو را سوخت آه سینـه سـوز، آبـم چه شد

مانده ام در پیچ و تاب عشق نافرجام خویش
پنجـه اندر حلقـه آن زلف پرتـابم چـه شد

سجـده میکردم به پـایش در بهشت کوی او
بیـوفا دوزخ نصیبم کـرد، محـرابـم چه شد

هرمزا امشب چرا ساز تو سرد وبی نواست
خشک شد گلواژه ها، شعرتر و نابم چه شد

# شــاعر عشق

*

امشب به کنج خلوت محنت سرای خویش
با شمع نیمه سوخته تنها نشسته ام
از باغ خاطرات تو ای نوگل بهار
با یاد یک نگاه گرم تو
شعری سروده ام

اما گمان مدار
که دور از نگاه تو
در خواب یا خیال
شعری چنین ز سینه سوزان توان سرود

آن شب که آمدی تو کنارم به دلبری
از آن نگاه مست تو
سر زد شراره ای
آتش گرفت خرمن جان فسرده ام

دیدم در آن نگاه تمنای عشق بود
شور و نشاط بود و نشانی ز غم نبود
زنجیر های شرم و گنه
ناگهان گسست
حال و هوس
چنان تب عشقی به دل نشست

20

یک دم نگاه ما به هم آمیخت بیقرار
رفت اختیار از کف و بس
توبه ها شکست
لب ها خموش ماند در آن بوسه های گرم
آغوشها گشود و شبی تا سحر گذشت

با کس نگفته ام چه شد آن شب میان ما
رازی که مانده است به گنجینه خیال
بنوشتم این فسانه
به گل واژه های عشق
در زیر نور شمع
در دفتر دلم
شعری ز لحظه های گریزان رقم زدم

میخوانمت در این شب تاریک بی سحر
میخواهمت بیائی و با من وفا کنی
آن شاعرم که عشق تو را آزموده ام
یک دم بیا . . . ببین
که چه شعری سروده ام.

\* \* \*

21

# شمـــع دل
*

در فراق روی تو ، گریان و سوزانم چو شمع
در غم هجران تو ، سوزان وگریانم چو شمع

گرچه ریزد سیل اشک از دیده بر دامـان من
آتش عشـق تو میسـوزد دل و جانم چو شمع

زیــور بالای چـون سرو خرامانت کنـــم
گـوهر اشکی که میـریزد به دامانم چو شمع

از من آموز ای پری درس وفـاداری به عشق
گرچه میسـوزم ولی در جمـع یارانم چو شمع

آتش مهــر و وفـا هـرگـز نمیرد در دلــم
تـا فروغ کلبـــه شب زنـده دارانـم چو شمع

در فراقت جسم بی جانم ز سر تا پای سوخت
گرچـه گریان همچنان ابر بهارانم چو شمع

دیگــر از این سـوختن پـروا ندارم هیــچ دم
تـا کـه با پروانه دارم عهـد و پیمانم چو شمع

22

گـرمی دلهـای محزونم ، چو میسوزم ز عشق
روشنائی بخش شبهـای شبستـانم چو شمع

آه سـوزانـم بگیـرد دامنت آخـر شبـی
تا بسوزی در میان اشک چشمـانم چو شمع

هـرمـز این آتش نمیـرد در دل شـوریده ام
تا نسـوزم من ز سر تا پا ، فروزانم چو شمع

\* \* \*


تـوشــه
\*

مـا درس وفـا ز شمـع آموخته ایم
در محفـل دوست تا سحر سوخته ایم

تـا بـا همـه خوبـان جهـان همسفریم
مـا تـوشـه راه خـویش اندوخته ایم

\* \*


23

# پـــایـــان
*

آن سوی پنجره
ابر است و باد و ریزش باران
دانم که آسمان
در مقدم خزان، گرفته و گریان است
مانده است در دلم هوس دیدن بهار
کاین شاخه های سرکش لرزان به دست باد
فریاد میزنند
بیدار شو که موسم برگریزان است.

این سوی پنجره
تنها نشسته ام به گوشه خلوتسرای خویش
در مانده ام ز بازی ایام و روزگار
عمری که سرخوش از دل شاد بهار بود
رنگ خزان گرفته و چون باد تیز رو
همچون زمانه گریزان است

ای دشت بیکران که دامنت از گل سرشته بود
ای مرغزارِ خرمن گلهای پر شکوه
ای جویبار جان گرفته ز باران نو بهار

آخر چه شد که دست خزان چید و باد برد
گل برگهای نو شکفته ز آغوش شاخه ها

از من شنو که چون تو بهارم گذشته است
در این خزان به گوشه عزلت نشسته ام
دانم که در مسیر پر آشوب زندگی
ما را ز سوز سرد زمستان گریز نیست

امّا تو غم مدار که خورشید پر فروغ
سر میزند دوباره ز آفاق نو بهار
پر میشود فضا ز عطر دلانگیز بوستان
از سر گرفته میشود این کهنه داستان

آن سوی پنجره
روز است و روشنائی و شادابی و امید
لبخند غنچه میدهد از زندگی نوید

این سوی پنجره
شب میرود به دامن تاریکی و سکوت
عمری رسد به نقطه پایان در این سرا
دردا که نیست بهاری دگر مرا

* * *

# دل رمیده

*

امشب اگر به یاد تو لحظه ای آرمیده ام
دانمش عاقبت کجا رفته دل رمیده ام

تا به امید وصل تو سرِشته تار و پود من
پودِ زهم گسسته ام ، تارِ زغم تنیده ام

رنج و عذاب میدهد غمزه و ناز تو مرا
با همه بی نیازی ات، ناز تو را کشیده ام

بار فراقت ای پری، هرچه به دوش میکشم
کِی به تو میرساندم پشت زغم خمیده ام

شام سیاه من چنان طرّه مشکبوی تو
بی خبر از سحر بود تا بدمد سپیده ام

برق نگاهت عاقبت کرده مرا اسیر تو
قامت چون قیامتت در دل نور دیده ام

کون و مکان من توئی ، راحت جان من توئی

تا که جهان من توئی، از دو جهان بریده ام

هرمز اگر بگوش تو زمزمه ای رسد زیار

نغمــه شــادمانی است آنچــه کــه مــن شنیده ام

*  *  *

بیتــــاب
*

ای دلبـــر مـــن ز رفتنت بیتـــابم

چـــون زلـف سیـاه تو به پیچ و تابم

تو رفته به خواب ناز ، در بستر گل

من درتب و تاب ، در غمت بیخوابم

*  *

# گوهر اشـــک

\*

دیـده ای نیست کـه آشفتـه ز دیـدار تو نیست
عاشقی نیست کـه سرگشتـه و بیمـار تونیست

آتشـــی نیست کـه در سینـه ز عشق تو نسوخت
فتنـه ای نیست کـه در چشم شرر بار تو نیست

دل نبـاشد کـه اسیـر خـم گیسوی تو نیست
بیدلـی نیست کـه آسـوده ز آزار تـو نیست

عشـــوه ای نیست که در قامت رعنای تو نیست
غمزه ای نیست که در حالت و رفتار تو نیست

تـا تو صیـاد دلی بـا دل و جـان صیـد تو ایم
کو اسیـری کـه به یک غمزه گرفتار تو نیست

تـا کـه خلقی است خریدار تـو سـودا گر عشق
شـورشی نیست کـه اندر سر بازار تو نیست

پنـد مـن بشنـو و راز دل مـن فـاش مکـن
محـرم آن نیست کـه در پرده پندار تو نیست

28

جـــان بـــه کف دارم و سـودای وصـالت طلبـم
سـرد و بیجـان بود آن دل کـه خریدار تو نیست

زیـور یـار شـده گـوهـر اشکت هـرمـز
جلـوه ای نیست کـه در طبـع گهـربار تو نیست

\* \* \*

## دریا دل
\*

مـن و دریـا دو یـار بیقـراریم
خروشان نالـه هـا در سینه داریم

چو پروردیم دردل گوهر عشق
بـه دامـان افـق سـر میگـذاریم

\* \*

29

# در انتظار بهـار

*

من آن درخت تنومند خشک بی برگم
که ایستاده ام اینجا در انتظار تبر
نمانده کس به کنارم ، نه همدمی در بر
وگر تبر نزند ریشه های خشکم را
غم جوانیِ بر باد رفته را چه کنم
که لرزه بر تن سردم زند ز پا تا سر

چه شد بهار جوانی ، کجاست موسم گل
که شاخه های جوانم
به ناز و عشوه در آغوش باد رقصیدند
و غنچه های شکوفا
نقاب از رخ گلهای تازه برچیدند.

چه جامه های لطیفی که بر تن سردم
ز برگهای ظریف بهار پوشیدند
و با طلوع فروزان چشمه خورشید
به شور و شوق همه برگهای تشنه من
هزار جرعه از آن جام نور نوشیدند

ز دلنشینی عطر فضای باغ ، گرفتم
به زیر سایه خود لاله های خوشبو را
میان شاخه و برگم نشاندم از سر شوق
حریم خانه و کاشانه پرستو را

30

بهار رفت و لطافت ز قامتم برخاست
تنم بسوخت ز گرمای سخت تابستان
خزان فرا رسید و مرا برگها یکایک مرد
نشاط شادی و مستی گریخت از بستان

من آن درخت تنومند خشک بی برگم
که ایستاده ام اینجا در انتظار تبر
چو سوز سرد زمستان مرا گرفته به بر
به خواب میروم اینجا بزیر پوشش برف
مگر تبر نزند کس مرا به شاخه تر (سایه) *

در این فسانه ندانم چرا ، ولی دانم
که از کرانه خورشید در دل خاور
ز راه میرسد آخر مرا بهار دگر.

\* \* \*


\* اشاره به شعر هوشنگ ابتهاج ( سایه )

« نه سایه دارم و نه بر، بیفکنندم و سزاست
اگر نه بر درخت تر کسی تبر نمی زند »

31

# هزار دستان

*

بیا بتا که به دل مهر تو نهان دارم
در این خزانه زتو، گوهری گران دارم

تو ای فرشته شبهای بی ستاره من
در آسمان عشق تو چشمی بر آستان دارم

تو میگریزی و از غم مرا گریزی نیست
بیا که با تو شهابی در آسمان دارم

نشسته ام به امید تو در کرانه عشق
به شوق دیدنت امید بیکران دارم

دل رمیده من از تو رو نگرداند
وفا به عهد تو ای فتنه بیگمان دارم

به گلشن تو غزلخوان هزار دستانند
چه نغمه ها که در این طرفه داستان دارم

بیـا و بـا دل افسـرده ام بسـاز امشب
فسـانه هـا ز فـراق تـو بـر زبـان دارم

به سوز و ساز غمت ساز هر مز است به راه
که نـاز و عشـوه جانانـه را بـه جان دارم

\* \* \*

## ساحل عشق
\*

بگـو ای مـوج نـا آرام دریــا
خبـر داری تـو هم از مشکل عشق

که چون من روز و شب در پیچ و تابی
نیاسائی دمـی در سـاحـل عشـق

\* \*

# بازگشت
*

در کوچه باغهای خاطره ها پرسه میزدم
چه آسان بر بال شهباز خیال
از کوه و دشت و دریا ها گذشتم
و در خاک سرزمینی که مرا
در آغوش خود پروراند
فرود آمدم.

از آسمان و زمین . . .
تا گوشه و کنار کوچه و پس کوچه
تا شاخه های سرکشیده بر لب دیوار
و بوی رطوبت خاک
و در های سنگین چوبی
و پنجره های ترک خورده
همه چیز آشنا بود، آشنا
و من در خاک خودم غریب بودم
بغض در گلویم شکست.

کودکی با کوله بار کتاب و کتابچه
از مدرسه باز میگشت.
خسته و ناتوان، کفشهای آغشته به گل را
بدنبال خود میکشید.

آشفته و هراسناک با مشت به در کوبیدم
در گوشم صدای مادربزرگ از دور می آمد
اول از همه، او میدوید
صبر کردم، به انتظار صدای پایش
و باز به در کوبیدم
و باز هم.

میخواستم فریاد بزنم که من برگشته ام
کجائیـد که مرا در آغوش بگیرید
قول میدهم ، فقط یک لحظه ، یک دم کوتاه
بگذارید که ماهی های توی حوض
و گنجشک های روی درخت
و مورچه های کنار دیوار
مرا ببینند که برگشته ام.

ندائی در گوشم گفت
تو برگشته ای . . .
ولی آنها رفته اند.

بالشم خیس اشک بود
بیدار شدم.

* * *

با اقتباس از غزل شیوای غزلسرای بزرگ معاصر،
زنده یاد سیمین بهبهانی :
« کی گفتمت از کوی من، با دیده گریان برو»
« چون گل به بزم عاشقان، خندان بیا خندان برو»


# خواهان بیا، خواهان برو

*


ای نازنین گر آمدی، با چهره خندان برو
تا مشکلم آسان کنی، آسان بیا آسان برو

در رفت و آمد با توام، گر در محبت با منی
یک لحظه را یک عمر کن، چندان بیا چندان برو

کاشانه تاریک من روشن شود از مهر تو
روز ارچو خورشید آمدی، شب چون مه تابان برو

پنهان مشو از روی من دوری مکن از کوی من
گر از رقیب آزرده ای، پنهان بیا ، پنهان برو

تا با دل و جان خواهمت این جان و دل در پای تو
ای جان شیرینم بیا، جانت دهم، جانان برو


36

یـک دم بیــامـوز ای پری، درس وفـاداری زمـن
با شکّ و تـردید آمـدی، اینـک تـو با ایمـان برو

بر کلبـه محـزون من، خـوش میدرخشـد روی تـو
تا کلبـه نورافشـان کنی ، رخشان بیا، رخشان برو

هرمز تو را خواهد شبی، با شـوق دل پیدا شـوی
بس کن تو ناز وغمزه را خواهان بیا، خواهان برو

\* \* \*

# سـالخورده
*

چهره ای آشنا داشت
با نگاهی عمیق
ابروانی در هم کشیده
چین وچروکهای پیشانی
و تورم زیر چشم
برف پیری بر سرش
حکایت از جوانیِ ازدست رفته داشت

در پشت این نقاب سالخوردگی
نقشی از جوانی دیرین نهفته بود
من او را میشناختم ،
همان جوان پر شور و حال
شاداب و سرشار از زندگی بود
و بی خیال از آفت خزان

خدا یا، چه بر سرش آمده است؟

چه شد آن تبسمی که همیشه بر لب داشت
و برق نگاهی که شور وشوق از آن میریخت
وآن تخیلی که چهره اش را گلگون میکرد

یک کوتاه دم
نگاه ما با هم در آمیخت
یکدیگر را شناختیم
و همزمان، با لبخندی به یکدیگر
درود گفتیم

دستم را بسوی چهره اش دراز کردم
به شوق احساسی گرم و مهرآمیز
سردی شیشه آئینه
مرا به هوش آورد.

\* \* \*

# بی ثمـــر
*

روزی کـه یـار آمـد و هـوشــم ز سـر گذشت
غـم بـی خبـــر بیـامـد و او بـی خبر گذشت

یک لحظـه بـود بـرق نگـاهش بـه سـوی من
مـن مانـده ام پریش از آن دم کـه در گذشت

عمـــرم گذشت و شـام سیـاهم سحـر نشد
این سرگذشت بین کـه چو طوفان ز سر گذشت

یک روز نقش روی تـو یـارا بـه دل نشست
تـا شب رسیـد همچـو شهـاب از نظر گذشت

طـی شـد جـوانی ام همـــه در آرزوی دوست
امّیـد وصـــل بـا همـــه زیر و زبر گذشت

هـر مـز تلاش عمـرِ تو سـودای عشق بود
آتش بـه جـان فتـاد و سپس شعله ور گذشت

خـواب و خیـال بـود آنهمـه آمـال و آرزو
بیـدار شـو کـه عمر گـران بی ثمر گذشت

\* \* \*

40

# سرگذشت

*

چون مـرغ پـر شکسته بـه بـالای شـاخسار
بیم سقوط لـرزه بـه جانم فکنـده است
در زیـر پـای خویش ، زمین دور و دور تـر
گوئی که آسمان دوباره مرا باز خوانده است

خوش بـود بـر فراز ستون های ابـر و باد
پر مـی زدم، بـه قلـه امیـد و آرزو
در پیـچ و تـاب بـاد و بـه گـرمای آفتاب
میشد تنـم بـه چشمه خورشید شست و شو

مـن مـرغ بـاغ عشـق و چمنـزار بوده ام
پـر میکشیدم از چمـن و دشـت و کـوهسار
میگفتـم از فـروغ سحـرگه، سلام صبح
میبـردم ایـن پیـام بـه دامـان لالـه زار

دنیـای مـن دگـر خبـر از درد و غم نداشت
فـردای مـن ز تیـره گی شب خبـر نداشت
گـل بـود و سبزه بـود و نسیم بهـار بـود
گـوئـی از این دیـار خـزانی گذر نداشت

41

دردا کــه بــی خبــر ز فتنــه ایــام ، نــاگهان
تــوفان بــه پای خاست و بال و پــرم شکست
کاشـانه ام چو برگ درختــان بــه دست باد
در هـم شکست و کــاخ امیــدم فرو نشست

اینک ز سوز سرد زمستان در این سرای
محبوس برف و باد به کنجی خزیــده ام
دانــم کنــون کــه در سفــر پر نشیب عمــر
چون برگ هـا بــه نقطــه پایــان رسیده ام

گوینـد غم مـدار کــه در رسـم روزگــار
بــار دگــر بهــار رسـد بــا گـل و چمــن
شـــادم بـــرای لالـــه و گلهــای یــاسمن
دردا کــه فـرصت دگـری نیست بهر من

\* \* \*

42

# نگـــاه

*

نگـاهت کـردم و دیدم ، نگـــاهم را نمی بینی
رخ زرد و دل پـر ســوز و آهــم را نمی بینی

هـزاران توبه بشکستم چــو بر روی تو دل بستم
چـرا یک دم نگـــاهِ سر به راهم را نمی بینی

امیـد جان من بودی ، دگــر بـی تو قرارم نیست
دل رنجــور و بـی پشت و پنــاهــم را نمی بینی

دریغـــا در بـرم بودی و غــافل بودم از مهرت
نکــردم جــان فدایت ، اشتبــاهم را نمی بینی

سرشک دیده ام هر شب ز درد عشق جانسوزت
شهـــادت میدهـــد دردا ، گواهــم را نمی بینی

به عهـد نو جوانی روسپیـد از عشق تو بودم
رهـــایـم کـردی و بخت سیــاهم را نمی بینی

43

بتـا بر صفحـه شطرنج عشقت مات و مبهوتم
رخت پوشیده ای در پرده ، شــاهم را نمی بینی

پریشـان خاطـرم کـردی و رفتی از کنـار من
سـر آمـد زندگـی ، عمـر تبـاهم را نمی بینی

نگــاه گـــرم تـو آتش به جـان هرمز افکنده
شـــرار پـــر تمنـای نگـــاهـم را نمی بینی

*  *  *

نگــــاه
*

چشمـان سیـاه تـوبه هر سوی نگه داشت
در آتش حسـرت دل دیـوانه نگــه دشت

چشمی کــه به امیـد نگــاه تو به در ماند
جز تا به سحر ژاله فشاندن چه گنه داشت

*  *

44

# مهتـــاب

\*

تـا تـو بـودی  آسمـانم چـون رخت مهتـاب داشت
زلف پر چینت به ناز و غمزه ، اِی مَـه تـاب داشت

در کنــارت  ایــن دل آشفتــه ام شـــاداب بــود
چشـم مـن دریـائی از این همدلِ شـاد، آب داشت

در صفای خواب زلفت چشم من بی خواب بود
گو که در آغوش گرمت چشم من کی خواب داشت

چنگ من در حلقـه هـای زلف پـر چین تو بود
شـور و حالی تـاب زلفت بـا مـن  بـی تاب داشت

بـر لب خشکم لبـانت آن شب  خوش کم نشست
کـام دل آخر کجا ز آن  گـوهـر کمیـاب داشت

چشـــم مـــن آئینـــه رخسـار گلگـون تـو بــود
جلوه روی تو در این قاب، خوش القـاب داشت

45

سرگـذشت درد هجـرانت مـرا از سـر گـذشت
سرنوشت ازسر نوشت این قصه و اعجاب داشت

دلبـرا دل بـر مگیـر از شعـر پر آشـوب من
شعـر هرمز در خیـالت واژه هـای ناب داشت

\* \* \*




عاشق مسکین
\*


تـا دیـده مـا بـر رخ ماهت نظـر انداخت
نقش رخ حوری و پـری از نظر انداخت

جزجان چه فدایت کند این عاشق مسکین
قدر تو چه داند که رهت سیم و زر انداخت

\* \*

# بوســــه

*

تـا لب میگـون یـار بـر لب خشکم نشست
بوسه گرمش دریغ آن شبِ خوش، کم نشست

آن لب شیـرین چـو رفت از لب لـرزان من
در دل شـوریده ام بار دگـر غـم نشست

خاطـره دارم از آن یـک دمِ کـوتـاه عمـر
تا بُت رعنـای مـن، آمـد و یک دم نشست

هوش ببرد از سـرم آنچه به گـوشم سرود
با مـن مسکیـن دمی همدل و همدم نشست

سنبل زلفش به ناز بررخ وبر شـانه ریخت
حـوری انـدام او چـون بـر آدم نشست

سینـه سیمین گشـود، غـرق تمنّـای عشـق
تا که در آغـوش مـن خوشدل وخرّم نشست

47

هـرنفس گـــرم او شعلــه سـوزنده شـد
آتــش آهـی کـه بـر سینـه از آن دم نشست

عمرمن آن لحظه بود، آنکـه چورؤیا گذشت
شوق وصالش به دل ، بی شرر غـم نشست

آنچـه به هرمز گذشت قصـه نا گفتنی است
آن دم کـوته ز عمـر، بر تر از عـالـم نشست

\* \* \*

بوســه
\*

بتـا از رقص زیبــای تـو مستیم
به شوق بوسه ای ساغر به دستیم

در این مجلس میـان مِی پرستـان
تـو را ای دلـربا، مـا مـی پرستیم

\* \*

48

# هم آغوش
*

ای وای سحر آمد، من مستم و مدهوشم
آن دلبر سیمین بر، رفته است ز آغوشم

خاموش شده شمعم، خالی است زمی جامم
آن باده دوشین کو ، تا با دل خوش نوشم

شب بود و سر زلفش پیچیده بر انگشتم
سرپنجه نرم او پوشانده بنا گوشم

چشمان هوسبازش برقی ز تمنا داشت
میدید که از عشقش، میسوزم و میجوشم

بر روی لب خشکم لغزید لبان او
لرزید سراپایم، رفت از سر من هوشم

هر بوسه شراری شد در کام من تشنه
تا از می عشق او صد جام و قدح نوشم

آن پیکر سیمین را بی پرده و عریان کرد
تا قامت رعنایش با جامه گل پوشم

پوشاند تن سردم با گرمی اندامش
آویخت دو بازویش بر گردن و بر دوشم

یکدم همه تمکین شد ، نه غمزه و نه عشوه
رامم شد و تسلیمم ، نیشش همه شد نوشم

یک لحظه رؤیائی ما هر دو یکی بودیم
او با من و من با او ، در بستر خاموشم

ای وای سحر آمد ، در خواب مشو هرمز
ترسم که شود دیشب یکباره فراموشم

\* \* \*

50

# خاطـــره

*

مستـــم و آشفتـــه ام از رخ زیبـــای یار
کـــرده پریشـــان مـــرا قامت رعنـای یار

درد فـراقـش مـرا بی خبـــر از خـود نمود
تـا خبـــر آمـــد شبـی از دل شیـــدای یار

وعـــده دیـــدار بـــود آنچـه به گوشـم رسید
بیمِ فـــریبم نـــداد، بـانـــگ فـریبـای یار

چشم گشـــودم به شوق، دیدمش استـاده بــود
والـه و مجنـون شـدم ز آن قـــد وبـالای یار

غنچـــه خنـــدان او از لـــب نـازش شکفت
شـــد دلـــم آشفتـــه از دیـــده شهـــلای یار

سنبـــل پُـــر تـــاب او تـــاب و تـوانـم ربــود
غمـزه مستـانـــه بود جملـــه سـراپـای یار

مـرمـر انـــدام او تـا بـه کنــــارم نشســت
چنـــگ زدم در خـــم زلـــف پـریســـای یار

سـر چـو نهـادم بـر آن سینـه سیمین او
ریخت تمنـای عشق از سـر و سیمـای یار

یک دم افسـانـه ای جـان مـرا تـازه کرد
أنچـه نصیبـم شـد از خلـوت تنهای یار

هرمز از آن خواب خوش تا سحر آسوده بود
خاطـره ای مـانده از آن شب و رؤیـای یار

* * *

## ناز و نیــاز

*

نـاز تــو و نیـــاز مــن ، ای بت بــی نیــاز مـــن
نغمـــه عشق میـــزنـد در هـــوس تـو ســـاز من

شـــور و نشـــاط میدهـد خنـــده دلفـــروز تـــو
بـوســـه ای از لبـــان تو در دل شب ، نیـــاز من

هـــوش و حـــواس میبـــرد غمـــزه دلفـــریب تـــو
مـــرغ دل از نشیب غـم سر کشد از فـراز من

در حـــرم وصـــال تـــو، قبلـــه عـــالمـم تـوئی
جلـــوه کبـــریـــائی ات می شکنـــد نمـــاز مـن

دادمت ایـن متـــاع جـــان در هـــوس نگـــاه تـو
بـاختـــه در قمـــار عشق ایـن دل پـاکبـــاز مـــن

بـا همـــه بینـــوائـــی ام عـــاشق بـــی رقیـــب تـــو
کس نشـود در ایـن میـــان همره و همطراز من

محـــرم راز مـــن تـوئی ، دلبـــر نـــاز مـن توئی
عشـوه مکن کـه عـالمی خبـر شـود ز راز من

شوق وصال روی تو شور و نشاط هرمز است
از دل ســـاز من شنـــو زخمـــه دلنـــواز مـن

با الهام از شعر زیبای « زمان و زندگی » از شاعره
شیرین سخن دکتر سونیا دارابی
«گاه در یک لحظه . . . میتوان عمری زیست»

## من کیستم

*

دوش افتـــادم بــه یـــاد خـویشـــتن
دیـدم از خـود ســالهـــا دورم هنـوز
مـن نــه آن پیـرم کــه در آئینـــه ام
خــاکـــی ام امّـــا نـه در گـورم هنـوز

میـــزنـد فـریـاد در گـوشـــم ز دور
آنکـــه میـــدانم صـــدایـش آشنــاست
در جـوانـــی بــا مـــن او همـــراه بـود
بــا مــن است امّـــا نمیـدانم کجـــاست

همـــزبــانـم بـود در عهـد شبـــاب
محـــرم اســـرار شیـــطانـیِ مـــن
او زمـــانـــی عــاقـــل و فـــرزانه شـد
غــافــل از کـــردار پنهـــانی مـن

گـــاه میخـــواهـم رهــا گـــردم از او
بس عـــذابـــم میـدهـــد در هــر قــدم
گـوئیـــا چـون کـودکی شیطـــان صفت
میخـــورد چـــوب معلـــم دم به دم

شور و آشوب جوانی بود و من
شوق عشقی در بهاران داشتم
بی خیال از آفت باد خزان
آرزوهای فراوان داشتم

سالها گوئی فراموشم نمود
چون گریزان بودم از فرمان او
در غرورِ و مستی و آزادگی
رویگردان بودم از زندان او

زندگی آخر به آرامش نشست
قایق بشکسته از طوفان گذشت
شور وحال نو جوانی شد خموش
ای دریغا، نیست دیگر بازگشت

دیشب اندر خواب دیدم خویش را
شاد و خرم بودم ازعهد شباب
من نبودم آنکه در آئینه بود
خوش ندیدم زندگی را در شتاب

باز در گوشم صدایش می تنید
گرم و دنیا دیده بود و پخته بود
گفت نزدیک است پایان سفر
گوئیا خود زاین سخن آشفته بود

گفت دریاب این زمان، هر لحظه را
می‌توان در لحظه ها یک عمر زیست
این تو و این شهد شیرین شراب
نوش کن هر جرعه اش یک زندگی است

باز پرسیدم ز خود من کیستم
دیدم آن پیری که در آئینه بود
گرچه دانم بود پیر سال و ماه
نو جوان در پیکر دیرینه بود

\* \* \*

56

# افســـانه هستـــی

## *

جهـان گنجینـــه اسرار و مـن وامـانده حیرانم
کز این چرخ و فلک جز صورت ظاهر نمیداهم

ز عـالـــم آنچــه میبینـم همــه بیگـانه بنمـاید
نباشد جـای مـن اینجـا ، کـــه از عالم گریزانم

مـن از مـردن نمیتـرسم مـن از بـودن هراسـانم
کــه مانـدن رنـج بی پایان و رفتـن هست آسـانم

لبم خشک و تنم سوزان در این صحرای بی پایان
ســراب زندگــی دیـدم ، نیـاور آب حیـوانـم

جهان بی من بگردش بود وبعد ازمن هم این باشد
چـه حاصـل از وجـود مـن کـه جـز آنی نمی مانم

من آن موجـود ناچیـزم که نا گـه میبرد مرگم
نه ســر میمـاندم آخـر ، نـه در این خانه سامانم

نه تیـری در کمـان دارم ، نه اندر کف عنان دارم
چرا بیهـوده پنـدارم کـه اینجـا مـرد میـدانم

خطـا بـود آنکــه گفتم اشرفم بر جمله مخلوقات
کـه چـون مـوری کشیدن بـار خود بردوش نتوانم

57

نـه چـون آهـو دویـدن دانـم و چـون شیـر غرّانم
نه چـون مـاهی به زیـر آب و چـون شهباز پرانم

کنـار سـاحـل هستی نیاسـایم دمی چـون مـوج
در این دریای پهنـاور چنـان توفان خروشـانم

گهی گوینـد در هفت آسمـان روزی ملک بـودم
کنـون آلـوده دامـانم ، اسیـر دام شیطـانـم

بهشت و دوزخـم گفتنـد و نیـک و بـد شمردندم
بگـو در پـرده اسـرار نیـک از بد کجـا دانـم

مـرا دیگـر در این عـالـم غـم بود و نبودم نیست
نـه آغـازی مـرا بوده است و نبـود نیـز پایانم

تو را بخشیدم ای زاهد بهشت و حـوری و غلمـان
مـن و زلـف نگـار و سـایـه سـرو خـرامـانم

بیـا سـاقی بـه یک سـاغر مرا از خود تو بیخود کن
کـه با پیمـانه هرگـز نشکنـم من عهد و پیمانم

دگـر افسـانه هستی مپرس از هرمـز ای سـاقی
کـه چـون حافظ می باقی من از دست تو بستانم

* * *

58

# ای دل

*

بیا با من بساز ای دل که من دیوانه ام امشب
ز عقل و رنج هشیاری کنون بیگانه ام امشب

رهایم کردی ورفتی به تاب طره زلفش
من و بیتابی و خالی ز می پیمانه ام امشب

نگاه چشم مستش را نداری تاب مهجوری
بریدی از من و رفتی تو از کاشانه ام امشب

ندانی بی دلی با من چه کرد آن یار دردانه
که اشکم دانه دانه سیل شد در خانه ام امشب

دِلا در کوی دلدارم بمان و حلقه بر در زن
مگر از در درآید دلبر فتانه ام امشب

کجا جوید بت رعنای من نازک دلی چون من
مگر مستانه جوید او ره میخانه ام امشب

چو دل در بند دلبر شد، نه سر دارم نه سامانی
نمیدانم غریبم یا که صاحب خانه ام امشب

فراموشم مکن ای دل که من را جزتو یاری نیست
بیا بشنو ز هرمز قصه و افسانه ام امشب

* * *


موج گریزان
*

دلم دریا و عشقم آسمانی است
سرم سودائی از شورجوانی است

چو موج از دست ساحل میگریزم
به آفاقی که مهرش جاودانی است

* *

60

# راز سخن

*

ای جوان گر عاقلی پابند حرف خویش باش
با کلام نیک حق گو باش و خیر اندیش باش

هرزه گویان گرچه گاهی پادشاهی میکنند
راستگوئی پیشه کن خوش طینت و درویش باش

راه بدگویان مرو، بد خواه و بد خصلت مباش
تو بمان در کسوت نیکان و بی تشویش باش

غلّ و غش روح جوانت را مکدر میکند
ساده گوئی برگزین خوش مشرب وخوش کیش باش

حرف حق گر هست بی تشویش ورک وراست گوی
برحذر از پشت سر گوئی و نوک و نیش باش

با کلام تند و بُرنده به دل نشتر مزن
با متانت مرهم دلهای زار و ریش باش

حرف مردم را مبر در محفل نامردمان
از سخن چینی حذر کن پاک و نیک اندیش باش

با زبـان بـی زبـانـی میتـوان گفتـن سخنهـا

بـا کـلام صـاف و سـاده از حریفان پیش باش


همسخـن بـا نیکـوان شـو تا بیـابی نـام نیـک

بـا بـدان ار صحبت آری فکـر بدنامیـش بـاش


پنـد هـرمـز گـر شنیـدی تـو سراپا گوش باش

گـاه خامـوش و گهـی در گفتگـو با خویش باش


\* \* \*

# ساز من

*

پنجــه بــه ســاز میزنــم، ای بت دلنــواز من
بس کــه تــو نــاز میکنی پیش نــوای ســاز من

شــور و نشـــاط میدهـد چهـره دلنشیـن تو
بی تو نــوا نمیدهـد پنجـه نغمــه ســاز من

نــاز تــو و نیــاز من در گـرو وفـای تـوست
نــاز کــه را تــو میکشی ای بت بی نیـــاز من

بـا همــه ســازگاریم ، ســوختم از فراق تو
کــی شنــوی ز ســاز من نغمــه دلنـــواز من

ســاز خموشم ای پری، راز دلم به کس نگفت
وایـن عجبم کـه پرشده گوش فلک ز راز من

شب به خیال روی تو ، هر چه که ساز میزنم
بی تـو اثـر نمیکنـد، زخمــه کـار ســاز من

گـرچـه کـه در قمار عشق باختم از متاع جان
بـا تـو خطـا نمیکنـد طبـع قمـار بـاز مـن

خواب و خیال هرمـز است غمـزه دلفـروز تو
شهپـر عشق تـو مگـر پـر زند از فـراز من

* * *

## نغمه ســاز

*

ای ساز هر آنچه با طرب بنوازی
آهنـگ خوشی از دل مـا میسـازی

بهتـر ز بیـان حال و شـور مستی
هـر نغمـه که از پـرده دل پردازی

* *

# کابـوس
*

باز میکوبد هراسان مشت خون آلود خویش
ایـن دل دیوانـه بر دیـوار تنـگ سینـه ام
باز پرپر میـزند این مرغ بیـم و اضطراب
میگریـزد از قفس زندانـی دیرینـه ام

صـوت آهنگیـن پایش میـدود دیوانه وار
میخراشد پنجـه هایش پرده های گوش من
تـار و پـودم باز میلـرزد ز توفـان هراس
می نشیند بار وحشتزای غـم بر دوش من

شعلـه ها سـر میدهد در سینه آه سینه سوز
دود بر میخیزد از این کوره سـوزان من
غـم مکـدر میکنـد آئینـه چشـم مـرا
اشک خون میجوشدازاین چشمه جوشان من

صـوت وحشت بشکند دیوار لـرزان سکوت
زوزه بـاد از درون پنجـره آیـد بـه گـوش
شاخـه ای بـر پشت شیشه میخراشد پنجه را
سـایه ای افکنـده بر دیـوار پیر ژنده پوش

65

پیکـر سست مرا خشکانده سـرمای عذاب
سـردی تلـخ عـرق پوشیده بـر پیشانی ام
تـرسـم آخر بشکند سرپوش اسرار درون
بنگـرد بیگــانه ای اندیشـــه پنهـــانی ام

کـرده بـر تـن سـایه شب پیکر لرزان ترس
میدواند خون وحشت ، باز در رگهـای من
وای در این دشت بی پـایـان منم تنها ، منم
رفته در مرداب خونین  تا به زانو پای من

بـاز میخـواند مـرا از دور فریادی ضعیف
باز میگویـد که بنگـر ، اشتبـاه خویش را
آنقـدر بیـدار میـدارد مـرا وجدان مـن
تـا ببینم پیش چشم خـود گنــاه خویش را

\* \* \*

66

# روزگـــــار
*

روزگــارا ، اینچنین بیگــانگی بــا مــا مکن
ایـن دل دیوانــه را ، آشفتــه و رســوا مکن

سالهــا بــا هـرچـه کردی سوختیم و ساختیم
آتشــی دیگـر در ایـن محنتسرا بـر پا مکن

بال و پـر را ســوختم بـا شمـع دل پروانـه وار
هـر چـه بـا مــا میکنی، اینگـونه بی پروا مکن

عمرما درحسرت یک روزبی حسرت گذشت
آنچـه را دیـروز میکـردی روا، فـردا مکن

آسمـــان عمـــر مــا را مهری و ماهی نبـود
اختـر بخت مـرا ای ابـر نــا پیـدا مکن

تیـر غـم دانـم کـه آخـر میشکافد سینـه را
هـر کجا خون میکنی دل، ای فلک اینجا مکن

ابـر رحمت را بگـو بر دشت عمـر ما ببار
جانشین سبزه زاران ، خشکی صحـرا مکن

67

دانـه دانـه اشک غـم میـریزد از چشمـان من
قطـره قطـره دامنـم را تا سحـر دریـا مکن

هرمز از این روزگاران هرچه میخواهی بنال
راز دل دیگـر مپوشـان ، درد دل حاشا مکن

* * *

سرگردان
*

ما بیخبـران روزگـــاریــم امشب
سرمست ز یک نگاه یاریم امشب

هرچند که سرگشته و سرگردانیم
در پیچ و خم زلف نگاریم امشب

* *

عاقلان نقطه پرگار وجودند، ولی
عشق داند که در این دایره سرگردانند        حافظ

# عشق و عقل
*

گر نگاهت به ملاحت نظری بر ما داشت
همچنان باد صبا عطر می و صهبا داشت

آن نگاهی که از آن مست و خمار آلودیم
باده ای بود که از چشم تو در مینا داشت

عقل و هوش اند و خرد در گرو کوردلان
عاشق است آنکه نشانی ز دل بینا داشت

دل سودا زده ام خیمه به ساحل میزد
گوهر عشق تو را در صدف دریا داشت

همه شب چشم امیدم به طلوع سحر است
دل دیوانه من کی خبر از فردا داشت

در ره عشق تو یارا، دل و جان باخته ایم
شور وحالی است که یاد تو در این رؤیا داشت

69

عاقــلان را خبر از عــاشــق سرگردان نیست
غافـل از سود و زیانی که در این سودا داشت

هرمز امروز به جام می و مطرب خوش باش
کس نـدانـد کـه چـه تدبیــر جهـان بـا مـا داشت

* * *

## خاکستر عشق
*

ای عشق مــرا بسـوز و خاکسـتـر کن
ایـن غنچـه نــو شکفتــه را پرپـر کن

تا خود نشوم اسیر خودخواهی خویش
از خــاک ره دوست مــرا کمتـر کن

* *

# بگذارم و بگریزم

*

آن فتنه که از جورش، رنجیدم و رنجاندم
در آتش سودایش جوشیدم و جوشاندم

شور و شر عشقش را بس در دل بیتابم
چون تاب سر زلفش پیچیدم و پیچاندم

تا آفت رسوائی بگذارم و بگریزم
راز دل مجنون را پوشیدم و پوشاندم

روزی سر مهرِ او خوش با من مسکین بود
از بیم فراق آخر ترسیدم و ترساندم

چشمان هوسبازش با من سر وسرّی داشت
راز نگه مستش فهمیدم و فهماندم

در گوشه میخانه ، غمگین و حزین بودم
افسرده کجا یک دم ، خندیدم و خنداندم

گفتم ز دلم بشنو، یک نغمه شیدائی
آخر ز سر الفت ، او خواندم و من خواندم

با غمــزه و نــاز او داد وستــدی بــودم
با نــاز و ادایـش تــا، دل بستـــم و بستــاندم

از آتـش عشـق او جـان و دل مـن میسوخت
تـا بانـگ وفـایش را بشنیـــدم و بنشـاندم

حــال دل محـــزون را، تا شـاد کنم هـرمـز
با نیت رؤیــایش ، خوابیـدم و خوابــاندم

* * *

## آب و گل
*

نگــاه چشـم مستت را نیــاز جــان و دل کردم
زبس ناز و ادا کردی ، دل مسکین خجل کردم

کجــا جویم تو را ای بیخبر از رنـج مهجوری
که خاک کوی تو با اشک دیده آب و گِل کردم

* *

72

# بهانه

*

چه خوش بود که نگاه تو را بهانه کنم
شبی به شوق تو شوری در آشیانه کنم

بسوی خاطره های بجای مانده عشق
سمند سرکش دل را شبی روانه کنم

چو روزم از غم درد فراق تیره تر است
نیاز ماه جمال تو را شبانه کنم

مرا جنون تو سرگشته بیابان کرد
که این فسانه عشق تو جاودانه کنم

بر آستان جمال تو سر نهم به خیال
نظر به شوق نگاهت بر آستانه کنم

چو دل به مهر توبستم، مرا به خاک نشاندی
کجا روم که وفای تو را نشانه کنم

مرا به ناوک مژگان مزن ، کمان ابرو
که پیش سرو بلندت کمر کمانه کنم

بیا که وصف تودرشعر هرمز است امشب
بیا که با تو شبی بزم شاعرانه کنم

# دُردانـــــه

*

رفتـی و تنـها نهـادی عـاشـق دیـوانـه ای
ایکـه بـا حـال دل دیـوانـه ام بیگـانـه ای

عهـد و پیمـانم شکستی  تـا نشستی بـا رقیـب
بی تو امشب کـی تـوانـم سـرکشـم پیمـانه ای

اشک غـم میریـزد از چشمـان من دیوانه وار
دانـه دانـه از فـراق دلبــــر دردانـــــه ای

کـی بنوشـم از خمـار چشـم مستت جرعـه ای
ای دریغـا خـلوتـی در گـوشـه میخـانـه ای

یک شب ای جـانـانه سر کن با من افسرده حال
تـا ز افسـون نگـاهت بشنـوی افسـانه ای

یـاد آن روزی کـه کـردی زلف پر چینت رهـا
بـر فـراز شـانه ات با پیـچ و تـاب شـانه ای

74

وصف چشمان خمارت صحبت میخانه بود
بس که می آمد ز مستان نعره مستانه ای

هرمز از شوق وصالت مانده در خواب و خیال
گشته این رؤیای شیرین، محفل شاهانه ای

\* \* \*

دردانه
\*

دیشب چه صفا داشت که یارم بر من بود
سودای وصالش همه شب در سر من بود

چون گوهر یکدانه در آغوش صدف، خفت
آن دلبر دردانه که در بستر من بود

\* \*

# گـــل سحـــر

\*

هـزاران گفتنی دارم ، نجوید گوش کس ما را
دو صـد نـاگفتنی دارم ، کجائی بشنوی، یا را

دلی پر شور وشر دارم ، ندارم همدمی در بر
سـر شوریده ای دارم که نشناسد سر از پا را

درون سینــه ام کـوه غمـت آتشفشـان گشتـه
چه روزی سخت سرکردم، ندارم تاب فردا را

سرشک دیده ام نقش تـورا رنگین کمان کرده
نمیـدانـم توئی یا دیـده ام افسـون رؤیـا را

خمـار آلـوده ام باز از خیـال چشم مخمورت
کجا بینـم کـه صهبـای لبت پر کرده مینـا را

فـریبـم داده ای بـا گـردش زلف پریشـانت
پـریشـم کـرده ای تـا دیـدم آن جعد چلیپـا را

76

فراقت رنگ غمگین خزان دارد، چه میدانی
که همچون چهره زردم ببینم برگ گلها را

بیا با من شبی سر کن که در کاشانه هرمز
سحر گل میکند آخر که بیند روی زیبا را

* * *




## سوختن و ساختن
*


در حسرت تو شمع دلم تا به سحر سوخت
از دفتر دل سوختن و ساختن آموخت

عمری به تعب رفت ولی شوق وصالت
کاشانه تاریک مرا یک شبه افروخت

* *

# مگـــو
*

آنچنان مست نگاه تو ام ای جان که مگـو
درجمال تو چنان دل شده حیران که مگـو

آنقدر سوختم از آتش عشقت کـه مپـرس
خون دل میخورم ازجورتو چندان که مگو

به خط و خـال تـو ای آهـوی گلـزار دلم
دل و دین باختن آنسان شده آسان که مگو

در ره عشق تـو از غـافـلـه دلشـدگـان
خسته و مانده چنان هست فراوان که مگو

سر نهادیم به پای تو که سـامان گیـریم
آنچنانیـم کنون بی سر و سامان که مگو

گر بیائی و رهـایم کنی از غُصـه عشق
آنقدر گویمت از قِصه هجـران که مگو

یکشب آن خرمن گیسوی رها کن که زنم
آنچنان چنگ بر آن طره افشان که مگو

78

برلب خشک من ار لب بگذاری تو به ناز
بوســه ها چینم از آن غنچه خندان که مگو

جرعه ای خواستم از جام لبش گفت منوش
حسرتی خوردم از آن چشمه نوشان که مگو

سینــه کــردم سپــر تیــر نگــاهش روزی
خون دل خوردم از آن ناوک مژگان که مگو

وصف حــال مـن و بیخوابی شبهــای فراق
گفت با مرغ سحــر آن مـــه تابـان که مگو

بر لبش داشت چه اسرار نهــانی که نگفت
تـا بیـاورد چنـان بر لب من جـان که مگـو

هرمز از شوق توصد حلقه به درکوفت زبس
حلقـــه ها دیـد در آن زلـف پریشان که مگو

* * *

تقدیـم به همسـر نازنینـم ویـدا
بمناسبت هشتادمین سالروز فرخنده تولد

# ویـدای من
*

نـازنینـم، دلبـرم ، ویـدای بـی همتـای من
عمـر من ، امید من ، ای همسـر زیبـای من

روز مولـودت مبـارک بـاد ومیمـون ای پری
شـاد وخـرّم بـاد عمـرت، ای بت رعنـای من

گر رَوی از پیش من روزم شود تاریک و تار
چـون بیـائی در بـرم روشن کنی دنیـای من

هـر نگـاه دلفـریبت پـرتو مهـر است و مـاه
جلـوه لبخنـد نـازت ، مـژده فـردای مـن

در کنـارت زندگی دور است از رنـج و عذاب
گـرمـی آغـوش تـو آرامـش شبهـای من

در غـم و افسـردگی دیـدار مـاه روی تـواست
مرهمی جانبخش بر هـر درد جانفرسای من

80

نو جوانی بود و دل شد بیقرار از شور عشق
در پنـاه مهـر تو، عشق تو شـد سودای من

با من سرگشته بـا مهـر و عطـوفت سـاختی
تا که شـد لبـریـز از صهبای تـو مینـای من

در غروب زندگی خورشید جانبخشم توئی
تکیـه گاهم تو ، نگـاه گـرم تو رؤیـای من

هـرمـز از این عـالم فانی نخـواهـد جز تو را
تـا که هستی همـدم وهم صحبتِ تنهـای من

* * *

81

تقدیـم بـه همسر نازنینم ویـدا
بمناست پنجاه و هفتمین سالگرد ازدواجمان


## پنجاه و هفت
*

پنجـاه و هفـت سـال در آغـوش دلبـرم
عمری گذشت و طالب یک عمر دیگرم

تـا دل بـه دام زلف پریشـان او فتـاد
همچـون بهـار آمد و زد سـایه بر سرم

ای نازنین که کلبه من ازتو روشن است
بخت خوش از فروغ رخت شد میسرم

تابید مهـر تو چو به شبهـای تار من
از شـام تـا سحـر ز جمـالت منـورم

هـر صبحدم کـه دیده گشایم به شوق تو
لبخنـد نـاز تـوست فرحبخـش در بـرم

هر دم که روزم از غم عالم مکدر است
شـادم کـه هست مـاه رخت روح پـرورم

82

در شـام تـار مـن تو فروغ سحرگهی
تا روشن است شمـع جمـالت مجـاورم

هرمز مگیـر دست ز دامان مهـر یار
تـا در پنـاه یـار ز اغیـار برتـرم

\* \*\*

## پنجاه و هفت
\*

هـر لحظـه در کنـار تـو ای شمـع دلفروز
عمری است با شکوه ز شور و صفای عشق

پنجاه و هفت سال با تو چنان لحظه ای گذشت
آموختم ز لطف و صفایت ، وفـای عشق

\*\*

83

# رؤیـــای هستـــی
*

ابـرم و تـر دامنـم از اشـــک بیـداد زمـان
کـوره سـوزان خـورشیـدم به کـام آسمـان

موجـم و دریـا دلـم سـوی تو میآیـم به شوق
سـاحل عشق منی اینسـان مرا از خـود مران

غـرش طوفانـم و در پیـچ و تابـم بیقرار
مانـــده سـرگردان میـان کـوه و دشت بیکـران

سـایـه گسـتـر بـودم و آرام گلـــهای چمـن
شـــاخـه ای بی برگـم و بشکستـم از بـاد خزان

دامـن دشـت و دمـن بـود و نسیـم عشق من
شوره زاری خشک وبیجان مانده ازاین بوستان

شمـع مجلس بودم و در جمـع یـاران سـوختـم
کـو صفـای شب نشینـان کـو وفـای دوستـان

گـه خروشـانـم چـو طوفان، گـاه نالانم چو نی
پـر شـده گـوش فلـک از آه و فـریـاد و فغـان

84

نوجوانی و توانائی به پای دوست رفت
کو کریمی تا بگیرد دست پیری ناتوان

آتش عشقی فتاد و خرمن جانم بسوخت
مانده از من نیم سوزی زیر خاکستر نهان

هرمز از رؤیای هستی برنخیزد تا که هست
سازی و جام می و جانانه ای آرام جان

* * *

# درد دل
*

نگاه چشم مستت را نیاز جان و دل کردم
ز بس ناز و ادا کردی دل مسکین خجل کردم

کجا جویم تو را ای بیخبر از رنج مهجوری
که خاک کوی تو با اشک دیده آب و گل کردم

به شوق دیدنت آواره در سحرای غم گشتم
شرار عشق را در کوره دل مشتعل کردم

مرا افکار شیطانی ز عشقت بر حذر میداشت
خیال از سر به در کردم چو خود را منفعل کردم

هوس میگفت بگشایم دل از بند سر زلفت
هوس را همچو زنجیر از دل و جان منفصل کردم

زمانی ساکن قصری چو سلطان در صفا بودم
به خاک کوی عشق تو، سرایم منتقل کردم

نگـاه چشـم مستت شـور وصلت در دلـم انداخت
چه خوش آن دم نگاهم را به چشمت متصل کردم

نمیدانـم تخیـل بـود یا رؤیای خـوش ، هـرمـز
به دامانش نهـادم سـر، همـه شب درد دل کردم

* * *

## گـریـز
*

یـاد شبی کو گـریـز از من بی دل نداشت
ایـن دل دیوانــه ام اینهمـه مشکـل نداشت

رفت وز یـادم ببـرد، مانـدم ورسـوا شدم
گوئی ام ازعشق من خاطره دردل نداشت

* *

«چون آخرین ستاره گمراه آسمان»

«غلتیده ام به دامن بخت سیاه خویش»        نادر نادرپور

# گمـراه
\*

گفتم بیا . . . بیا
که بی تو در این کلبه خموش
جانم به انتظار تو آخر به لب رسید
اما نمیرسد دگر م مژده ای به گوش
روزم تباه گشت و سیاهی به شب رسید

اینجا شبی به گوشه تاریک کلبه ام
در انتظار صبح سپیدی نشسته ام
تا اولین تلألو زرین آفتاب
گرمی دهد به پیکر بیمار و خسته ام
شاید که با خیال تو چشمم رود به خواب

افسوس از آن جوانی بر باد رفته ام
آنجا که روز و شب همه شد گفتگوی تو
شوق وصال روی تو در من جوانه کرد
تا شاخ و برگ و ریشه دواندم بسوی تو

عمری گذشت و

بی تو در این کوره راه دهر

من پیر سال و ماه و

تو هر دم جوان شدی

چشمم به راه و دل به خیال تو مانده است

تا در سرشک دیده ، تو رنگین کمان شدی


تو رفته ای و مانده مرا نیمه ای ز جان

« چون آخرین ستاره گمراه آسمان »

« غلتیده ام به دامن بخت سیاه خویش»

تا رفت مهر روی تو از دیدگان من

« گم کرده ام در این شب تاریک راه خویش»

\* \* \*

89

# خواب مادر

*

آمدم امشب به دیدار تو مادر خواب بودی
با رخی چون برگ گل، دربستر مهتاب بودی

اینچنین هرگز تو را آرام و آسوده ندیدم
بی غم فرزند گوئی لحظه ای شاداب بودی

وه چه شبها تا سحر در چشم من خوابی نبود
در کنار بسترم آشفته و بیتاب بودی

قصه ها خواندی بگوشم تا که میبردی ز هوشم
تا کنم من خواب خوش شب تا سحر بیخواب بودی

هردم از بیداد دوران روزگارم شد سیاه
آسمان عمر من را چون مه شبتاب بودی

تا بیاسایم دمی، دردا نمیدیدم که خود
در دل طوفان اسیر پیچش گرداب بودی

تشنه مهر تو ام، ای چشمه آب حیاتم
عمر جاویدان بمن دادی وخود بی آب بودی

90

مسجد و میخانه ام خاک سر کوی تو بود
گه مرا کنج خراباتی و گه محراب بودی

سیم وزر را ارزش خاک سرکوی تونیست
در دل دریای عمرم گوهری نایاب بودی

مادر ازاین خواب راحت تاسحرسر برمدار
چون به بیداری زبیتابی به پیچ و تاب بودی

هرمز از بالین مادر پای ورچین دورشو
سالها بیخواب شد شب تا سحر توخواب بودی

\* \* \*

# خشک و تر

*

بیـا کـه سـرو قدت سـایه افکند بـه سـرم
بیا که جز رخ مـاه تـو نیست در نظـرم

غـم فـراق رخت سـوخت جسم و جـانم را
بیـا کـه بی تو از این درد جـان به در نبرم

ز حـال زار من ای نـازنین تـو بیخبـری
کـه کس نمیدهد از روز وصـل تو خبرم

قـدم به دیده من نـه کـه از تو سر تا پا
غبـار راه بشـویم بـه اشـک چشـم تـرم

تو گلعذاری و خرم ز تواست گلشن عمر
بیا کـه بـا تـو ز هـر گلبنی شکفتـه ترم

تـو آفتـاب بلنـدی در آسمـان حیـاتـم
کـه در فـروغ تو گم گشتـه اختر و قمرم

تو رفته ای و مرا نیست جز غمی جانکاه
درون سینـه بمـاندـه است آه بـی اثرم

92

گــدائی ره تــو بــه ز تخت و تــاج شهی
نــه بهتر است ز خــاک ره تــو سیم و زرم

سفــر مکــن ز دیــار مــن ای نسیم بهــار
کــه بی تو گلبن بی برگ و شــاخ بی ثمرم

حــذر مکــن تــو ز بــاران دیــده هرمــز
که آتش غم عشق تو سوخت خشک و ترم

\* \* \*

93

# خواب و خیال

*

دوش در محفـل مـا دلبـــر جانـانه نبود
از خمـار نگـهش بـاده بـه پیمـانه نبود

وصف گیسوی بلندش همه شب صحبت ما
لطف آن سلسله جز قصـه و افسـانه نبود

شـرح آن قامت رعنـا که خرامـان میرفت
مـرهـم درد فـراق و دل دیـوانه نبـود

از حدیث سـر زلفـش همـه گفتیم ، دریغ
دست در حلقــه آن طـرّه مستـانه نبـود

لب نازش نه بجز خواب و خیالی در سر
لـذتی جــز هـوس بوسـه دزدانه نبـود

همـه شب چشم به در ماند و نیـامد خبری
شـور و حالی دگر اندر دل کاشـانه نبود

چشم ها خسته ، سـر از باده خمـار آلوده
ساقی میکـده افسـوس به میخـانه نبـود

94

همه در خواب برفتند و شب آهسته گذشت
در بــر دُرد کشــان دلبــر دردانــه نبود

صبحگاهان خبــر آمد که نگاری شب پیش
تا سحر حلقه به در کوفت، کسی خانه نبود.

\* \* \*




خمـــاری
\*


چون رود سرشک دیده جاری است هنوز
دلتنگــی مــا ز بیقــراری است هنــوز

شب رفت و خیــال چشــم مستت با مـاست
این خــواب و خیــال از خمـاری است هنـوز

\* \*

95

# همســـر

*

ای دلبـــرم تـو یـار منـی در کنـار من
ای نـازنیـن تو روشنـی روزگـار من

در چشـم خفتـه ام تـو فـروغ سحرگهی
نـور امیـد در دل پـر انتظـار من

نفـس آرزوی گلبـن و گلشـن نمیکنـد
تـا هست چـون تـو همنفسی در کنـار من

بر شاخ و برگ عمر من ای گل تو زیوری
در بـوستـان زندگــی ام ، گلعـذار من

آنـدم کـه عهـد بستی و پـا بنـد من شدی
وآنگـه کـه همسرم شـدی و دوستدار من

تنهـا گمـان مـدار کـه همبسترم شدی
تـو سـروری و همـدل و هـم غمگسار من

دستـم گـرفتـه ای کـه بپا ایستـم چو کوه
ای تکیـه گـاه پیکـر نـا استـوار من

96

طوفان فرو کشید و قرارم به دل نشست
تا ساختی تو با سر نا سازگار من

با من قرار مهر و محبت گذاشتی
آسوده گشت از تو دل بیقرار من

بر شاخه تو گلبن گلزار عمر من
بشکفت غنچه های پر ثمر نو بهار من

گنجینه ای ز عشق تو در سینه من است
از قدر و قیمت تو بود اعتبار من

در سختی و عذاب تو پشت وپناه من
در شادی و سرور توئی همجوار من

چون مهر پر فروغی و چون ماه دلفروز
سر میکشد ز شعله عشقت شرار من

بیمار عشق روی تو ام ای طبیب دل
تو مرهمی بر این دل اندوه بار من

مهرت بجان خریدم و عشقت به دل نشست
تا بردی ای نگار ز کف اختیار من

گر دست بر فلک زدم و پا بر آسمان
تنها ز همت تو بود اقتدار من

97

تـو مظهــر وفــائی و ســرچشمـه صفا

تـو مـایـــه غــرور مــن و افتخــار من


آنــدم کــه چشـم پوشـم از این عـالم وجود

تنهــا تـو میشـوی بـه جهــان یادگــار من


دیگــر مــرا به عشق تو یارای هجر نیست

تـا یـاور منـی تــو و همـــواره یـار مـن


تـو بـا منـی همیشــه و مــن با تـو زنده ام

دیگـر سفـر مکـن تــو ز شهر و دیار من


هرمز مجوی نام و نشان درجهان که نیست

جـز در کنــار یــار کسی خواستــار مـن


* * *

# صبح سپید
*

امیــد صبـح سپیــدم بـه شــام تـار توئی
نشسته ام بـه خیـالی کـه در کنـار توئی

چو تار و پود وجودم سرشته از غم عشق
نشاط من همه چون نغمه های تار، توئی

بیـا کـه نـو گل عشقم شکفتـه از رخ تـو
کـه در خــزان دلـم جلـوه بهــار تـوئی

کمنـد زلف بلنـد تو حلقـه زد بـه سـرم
اسیـر دام تـو ام تـا کـه شهسـوار تـوئی

زمانـه بـا دل سـرگشتـه ام نـکرده وفـا
مرا خوش است زمانی که در جوار توئی

گلی به گلشن عمرم شکفت وبوی توداشت
بیـا بـه کلبـه سـردم کـه گلعـذار تـوئی

به شوق دیـدن روی تو برگرفتـم سـاز
بیا بسـاز کـه یارم در این دیـار تـوئی

دل رمیـده هرمـز قـرار از تـو گـرفت
امیــد ایـن دل غمگیــن بیقـرار تـوئی

\* \* \*

ناله عشق
\*

خوش باد از آن دلی که نالـد از عشق
جـز نالـه بیـدلان چـه آیـد از عشق

سوزدل وآه سینه سوزی است به لب
جـز آتـش جانسـوز نشــایـد از عشق

\* \*

100

# گنـــاه هـــوس

*

هوس کردم . . . هوس کردم
شبی در پرتو مهتاب سیمین رو . . .
کنـــار جوی بنشینم

نسیم نیمه شب را . . .
همچنان دستی نوازشگر
به روی گونه بگذارم

نگاه بیقرارم را . . .
بر آن امواج نا آرام و سرگردان
فرود آرم

فضا را پر کنم از لذت عطر خیال تو
در آغوشت بگیرم . . .
گرچه چون رؤیا گریزانی

برای یک نفس . . . یک لحظه . . .
یک کوتاه دم ز این عمر بیحاصل
بنوشم من شراب زندگی . . . از ساغر چشمان مست تو

گنه کردم . . . گنه کردم . . .
خروشید از افق طوفان خشم آلود . . .
سیه ابری بپوشانید مهتاب بلورین را

نسیم نیمه شب . . . شد گردبادی تند و وحشتزا
به روی گونه ام سیلی زد از هرسو . . .
نگاه خیره ام بر موج آب جویبار افتاد . . .
پر کاهی شدم در پیچش سیلاب

فضا را غرش طوفان غم پر کرد
پریشان گشتم و افسرده و بیتاب
ز آغوشم برفت آن گرمی فکر و خیال تو

تهی گشتم . . . تهی گشتم
دگر از ساغر چشمت ننوشیدم . . .
دگر لب را فرو بستم . . .
دگر این نغمه بس کردم . . .

گنـــه کردم . . . هوس کردم.

* * *

# بهــار بی تو
*

همه گوینـــد بهـــار آمده است
و من از لطف نسیم سحری بی خبرم
همه گوینـــد که در دامن دشت . . .
غنچه ها میخندند . . .
شاخه ها میرقصند . . .
چشمه ها میجوشند . . .

با که گویم که مرا بی تو بهاری نبود
روزگاری نبود، شهر ودیاری نبود
بی تو ای عطر نسیم سحری
غنچه ها کی خندند . . .
شاخه ها کی رقصند . . .
چشمه ها کی جوشند . . .

با تو آغوش کنم باز به دیدار بهار
تا که آغوش تو همواره بهار است مرا
بی تو اما . . .
چه کنم ، با که بگویم که مرا
نیست در باغ و چمن . . .
نیست در دشت ودمن . . .
نیست در سبزه و گلزار . . .
بهــاری بــی تــو .

# خواب خوش

\*

دیشب که آمدی تو پری رو به خواب من
مهرت فرو نشاند همه التهاب من

آرامش از تو بود که آرام دل شدی
بردی ز خاطرم غم پر اضطراب من

با صد هزار عشوه نشستی به دلبری
بردی هراس از دل پر پیچ و تاب من

دیدم به ناز سینه سیمین گشوده ای
یک دم شدی تو شاهد حال خراب من

لب بر لبم نهادی و هوشم ز سر پرید
گفتی که نوش کن ز خمار شراب من

تا حلقه زد به گردن من بازوان تو
دیگر به جسم من نه توان ماند و تاب من

آغــوش مــن ز مــرمــر انــدام نــاز تــو
پــر شـــد دوبــاره از هــوس پر شتـاب من

شب میگذشت، گــرچــه نمی خواستم رود
از آسمــان خــواب و خیـالم شهـاب من

افسوس رفتی از بر هرمز چو خواب خوش
می خواندمت ولیــک نــدادی جـواب من

\* \* \*

# لحظه ها

*

تا آسمان ما ز فروغ تو روشن است
دنیای عمر ما همه گلزار و گلشن است

دردا که در کرانه ما ابر تیره ایست
گوئی که بانگ میزندم، وقت رفتن است

پیری رسید و بی تو در این ره کجا روم
شوقم به زندگی است، نه وقت فسردن است

دریابم ای امید بهاری که با تو هست
آرامشی به جان و گُلم در شکفتن است

آنجا که در کنار توام جای غصه نیست
یارا بیا که قصه دل وقت گفتن است

بیدار مانده ام همه شب در هوای دوست
آن دم که دوست هست کجا وقت خفتن است

عمری گذشته است و هنوزم به شوق وصل
کاشـانـه ام بـه نـور خیـالت مـزیّن است

هرمز بدان که رفته تو را روز و ماه و سال
این لحظه هـا کـه مانـده برای شمردن است

\* \* \*


حاصل عمر

\*

خـوردیـم غـم جهـان و بیش و کم آن
رفتیــم ره بـلا و پیــچ و خــم آن

حاصل همه هیچ بود و عالم همه پوچ
از عمر نشد نصیب مـا جز غـم آن

\* \*


107

# باز آمدی. . . باز آمدی

*

بـاز آمدی ، بـاز آمدی، یارا چـه طنـاز آمدی
با صد هزار افسونگری ، با عشوه و ناز آمدی

ای فتنــه از جــور فراق افسـرده بـودم بی نـوا
شــادم کــه در کاشــانه ام با نغمــه ساز آمدی

گفتی کــه با ســوز دلـم ، جـانا نمیسازی دگر
ایـن دم غنیمنت باشدم ، یـارا که دمسـاز آمدی

شهبـاز عشق من توئی، شـادم که پر بگشوده ای
در آسمـانم ای پـری ، اینک بـه پـرواز آمدی

رفتی و گفتـی بعـد از این دیگـر نوایت نشنوم
ای بلبل بستـان چـه شد اینک خوش آواز آمدی

بس فتنه ها کردی بپا، روزی که میرفتی به قهر
نازت بنـازم من چه خوش فتّـان و غمّاز آمدی

تـا نـوجـوان بـودم مـرا بـا بیـوفائی سوختی
پیـرم نمـودی تـا کـه با مهـر و وفـا بـاز آمدی

108

جــان دادم و گفتــم بتا  ترک مـن مسکیـن مکن
جانـی دگـر دادی مرا ، چون تُرک شیـراز آمدی

هرمـز ندیــدم سالهــا از تــو دگـر شعر تـری
از شوق عشق آن غـزال ، اینـک غزلسـاز آمدی

* * *


## شکرشکن
*


با هزاران ناز و عشوه غنچه لب را گشود
جلــوه لبخنــد نــازش شد بلای جــان من

تا بنوشم شهدی از نوش لبش ، برخاستم
بــوســه ای  برداشتم از آن لب شکرشکن

* *

# سرو سهی
*

آشفته چون گیسوی تو، سوی تو جانان میروم
در جستجوی کوی تو ، افتان و خیزان میروم

تا از کنارم رفته ای ، صبر و قرارم برده ای
پر میکشم با یاد تو، دردا پریشان میروم

در آفت تنهائی ام ، از خود گریزان میشوم
هرجا که با من بوده ای با چشم گریان میروم

خواهم تو را بار دگر یک دم بیاسایم به بر
تا سوی تو دارم نظر، من با دل و جان میروم

ای ماه تابانم چرا از من بریدی مهر خود
با صد امیدت آمدم ، آخر پشیمان میروم

یاد آن شبی با شوق تو نوشیدم از لعل لبت
تا گوشه میخانه ات، در جمع مستان میروم

ای نازنین سرو سهی، ساقی سیمین ساق من
تا دامنت گیرم شبی ، سویت شتابان میروم

هرمز بزن چنگی به ساز ، با عشوه و نازش بساز
آن دم که می خواند تورا، مست و غزلخوان میروم

\*\*\*

## قـــدح
\*

یک جام و دو جام می کفافم ندهـد
ساقی قدحی بـده کــه بر دوش کشم

بیدارم اگر چه مستم از شوق وصال
بـاشـد که شبی تو را درآغوش کشم

\*\*

# غنچـــه لب
*

اسیـــر عشـــق دگـــر طـاقت و توانش نیست
چو بلبلـی کــه بـه گلـزار آشیـــانش نیست

حـدیث غنچـــه لبهـــای نــو شکفتــه یــار
هر آنکه گفت، چه لطفی که دربیانش نیست

مبین کــه بوســه زنم گونه های گلگـون را
کــه مقصـد لـب خشکم بجـز لبـانش نیست

طراوتی کـه در آن بوسه های شیرین است
بـه هیچ جـام شـرابی بجـز دهــانش نیست

مجوی جـز لـب میگـون یـار کـام دلی
که در سُـراحی میخـانه هم نشـانش نیست

مخور فریب نگـاهش اگر چه پیر زمانی
چه حیله هـا کـه در اندیشــه جوانش نیست

بیـا کـه آن لب گلگــون مـرا دگرگـون کرد
دل است و جز هوس بوسه بر زبانش نیست

دگــر مپرس ز هرمز کجاست مقصد عشق
اسیــر غنچـه لـب فـرصت بیـانش نیست

\* \* \*

## آتش عشق
\*

خدایا عاشقم ، عاشق ترم کن
دل و جان را فدای دلبرم کن

بسـوزانم شبـی در آتش عشق
بسوزان تا سحر خاکسترم کن

\* \*

113

# خیال خوش

*

مه ماه پیکر من چه خوشست در کنارت
چو شبی سر آرم آخر که سرآید انتظارت

به کرشمه ناز ورزی و نیاز ما بر آری
به هزار غمزه آئی به طرارت بهارت

قد سرو شرم دارد ز تو ای بلند بالا
چو به گلشن و گلستان قدمی فتد گذارت

دل ودین ما بری با نگهی ز گوشه چشم
سرو روی ما نوازی به جمال گلعذارت

همه رنگ وبوی گلشن نرسد به جلوه تو
چه قرار باشد آنرا که نشسته بیقرارت

چو به جمع باده نوشان قدمی نهی ز الفت
نه یکی به هوش ماند ز دو دیده خمارت

به تو داده ام جوانی و بریدم از جهانی
که جوان شود مرا عمر دوباره در جوارت

به امید ماه رویت شده کلبه ام فروزان
دل بیقرار هرمز شده روشن از شرارت

* * *

## عشق پیری
*

بیا جانا تو را در بر بگیرم
ز دستت ساغری دیگر بگیرم

چه خوش در عهد پیری در کنارت
دوباره عمر خود از سر بگیرم

* *

# بیتـاب

*

چهره بنمای که بی مهر توام خوابی نیست
پرده بردار که بی روی تو مهتــابی نیست

روزم از هر شب هجران تو تاریکتر است
در دل تیـره مـن کوکب شبتــابی نیست

روزگـاری دل ما با تو چه سودائی داشت
بی تو این دل صدف گوهر نایابی نیست

قصه عشق تو در میکـده غوغـا میکرد
تاب هجـران رخت در دل بیتــابی نیست

خلقـی افسـرده دل و والـه و سرگردانند
هر کجا مینگـرم چهـره شـادابی نیست

کلبه خسته دلان غمـزده و محزون است
برلب تشنه لبـان جرعه ای از آبی نیست

116

دستم از دامن پر چین تو بس کوتاه است
چنگ در پیچ و خم طرّه پُر تابی نیست

تا تو در مهر و وفا قبله آمال منی
همچو درگاه توام مسجد و محرابی نیست

هرمزا نغمه ساز تو چرا خاموش است
در دلم وسوسه شعر تر و نابی نیست


\* \* \*

# سـوز دل

*

جهــان میسوزد از ســوز غـم یاری کـه من دارم
دلــی افســرده دارم پیش دلـداری کـه مـن دارم

کجــا جـویم نگـاه گـرم جانبخشی کـه ترکـم کرد
کجــا خـوابش ببینـد چشـم بیـداری کـه من دارم

خطـا کـردم نکـردم جان فـدای جان شیرینش
کـه می بخشد گناهـان خطـا کـاری کـه من دارم

جـوانی بـود و سـرمستی ز مینـای لب نـوشش
کنـون پیـرانه سـر ازبخت بیمـاری کـه من دارم

چنــان آزرده ام از عشــوه و نــاز و ادای او
نیـاسـاید دل از یـار دل آزاری کــه مـن دارم

ز سـودای جمــال او زیـانهـا شـد نصیب من
برفت از کف جلال و شـور بازاری کـه من دارم

118

من و پروانه شبهــا تــا سحـر با شمـع میسوزیم

چه امیدی  که او دارد ، چه پنــداری که من دارم

بزن هرمزبه سازت زخمه ها شاید که اشک شوق

ببــارد امشب از طبــع گهـــرباری کــه من دارم

\* \* \*

خمــــاری

\*

چون رود سرشک دیده جاری است هنوز

دلتنگــی  مــا ز بیقـراری است هنـــوز

شب رفت و خیــال چشـم مستت با مـاست

این خواب و خیــال از خمــاری است هنوز

\* \*

119

# آوای درد
*

درد جانسـوزی به جـانم زد، فغان از جـای درد
از درون میسـوزدم ، امـواج نـاپیـدای درد

نیمـه شب از آفت جانـکاه درد سینـه سـوز
میزنـم فریـاد تا شـاید رسـد فـردای درد

ای دریغـا نیست جـز تـاریـکی بـی انتـها
جـان کـه مینـالد هراسان در دل شبهای درد

هرکجـا بنیـان بگیـرد در تـن رنجـور و زار
نیست عضـوی در امـان از هُـرم آتشـزای درد

یـاد آن روزی کـه دردی در تـن و جانـم نبود
شـاد بـودم بیخبـر از سـوز آتش هـای درد

نـالـه و فریـاد دردی را دوا هـرگـز نکـرد
تا نفس حبس است در چنگال جانفرسـای درد

120

جسـم بی جـانـم بخود می پیچد از درد درون
هر نفـس میسـوزد از فریـاد وانفسـای درد

وای ازآن روزی کـه دردی دردل زارم نشست
درد هجران، درد حرمان، دردی ازسودای درد

هرمـز از این درد بی درمان صبوری پیشه کن
عـاقبت روزی نشینـد شـادمـانی جـای درد

\* \* \*


# عمـر رفته
\*

آن لحظه که عمر رفت و خاموش شدم
از دفتـر ایّـام فـرامـوش شـدم

از عمر گران آنچه مرا حاصل گشت
خوش بود که با عشق هم آغوش شدم

\* \*

121

## آتش عشق

*

میرود بیخبر آن سرو خرامان ز برم
بیخبر رفت و نداند که ز خود بیخبرم

از پریشانی آن زلف شکن در شکنش
کس نگفتش که من دلشده آشفته ترم

دامن از دست من آن لعبت فتانه کشید
تا که ازپای در افتادم وخون شد جگرم

آرزویم نگهی بود از آن چشم سیاه
نه سیه روزی و غم بود دمی در نظرم

تا که او بود مرا هم سرو سامانی بود
بی امان رفت وندانست چه آمد به سرم

شرح بیخوابی شبهای فراقش گفتم
که نیاسود دمی از غم او چشم ترم

تا ز رفتار نگارم نگرانم شب و روز

این نه انگار که حال دل خود مینگرم

مرده در سینه من ناله و فریاد مگر

داد خود گیرم از آن دلبر بیدادگرم

سر بپایش نهم آن دم که بیاید به برم

تا کنم بار دگر خاک رهش تاج سرم

هر مز این شور دل و شورش جانسوزم چیست

همه از آتش عشق است شرار و شررم

\* \* \*

در سوگ دوست نازنینم،
زنده یاد دکتر مصطفی سلیمی.

## در غم دوست
*

امشب از سوز غمت در دل و جان میسوزم
چه شراری است که با اشک روان میسوزم

آه جانسوز دگر در غم تو کافی نیست
سینه در آتش فریاد و فغان میسوزم

گرچه با آه جگر سوز غمت میسازم
هر نفس با شرر سوته دلان میسوزم

غم هجران تو ای دوست نهفتن نتوان
این عجب نیست که پیدا و نهان میسوزم

124

امشب ای شمـع به حـــال من دیـوانـه بسوز
کـه بپـای تـو چـو آتـش زدگـان میسوزم

خستـه ام ز اینهمـه نـومیـدی و نا فرجـامی
همـزبـان بـا سخـن خستـه دلان میسوزم

آندم از عمـر کـه در پای تو جان میبخشم
غـافـل از عـاقبت سـود و زیـان میسوزم

سـاقی از بـاده شبگیـر بیـاور قـدحی
چون شوم مستِ رخش رقص کنان میسوزم

مصطفای دگرم نیست در ا ین شهر خراب
هـرمـز از دوری آن راحت جـان میسوزم

\* \* \*

125

سعدی به روزگاران مهری نشسته بر دل
بیـرون نمیتـوان کرد ، الا بـه روزگاران　　　　　سعدی

گفتـی به روزگاران مهـری نشسته، گفتم
بیرون نمـی توان کرد حتـی به روزگاران　　　　　شفیعی کدکنـی

# روزگـــاران

*

دل بستـه ام به مویت ، آن زلـف مشکباران
مستی گـرفتـه ما را چـون عطـر نوبهاران

انـدیشـه و خیـالم در وصـف چشـم مستت
شـوری بپـا نمـوده در جمـع میگسـاران

در راه وصلـت ای گل، آسان نمی هـراسم
از پـا نمانـده ام با طـوفان و بـرف و باران

آشـوب هـر نگـاهت، لـرزد مـرا سـرا پا
آنسان که لرزه افتـد در دشت وکـوهساران

ای سنگـدل خریدیـم آخـر گنـاه عشقت
معـذور دار ما را دیگـر ز سنگسـاران

برخیـز ای پری رو زلف دو تا رها کن
چرخی بزن تو با ما در دشت لاله زاران

هـر خنـده ملیـح ات باران گـل ببـارد
ترسـم رها نگـردیـم از دام گلعذاران

هرمز به روزگاران مهری که در دل افتاد
از دل برون نگـردد حتی به روزگاران

* * *

# داغ دیده
*

دردی است در این سینه که درمان نتوان کرد
آهی است در این کوره که پنهان نتوان کرد

آخر چه توان گفت که این داغ جگر سوز
تا ریشه نسوزاند ، آسان نتوان کرد

شرح دل ماتم زده با کس نتوان گفت
وصف دل آشفته و ویران نتوان کرد

تقدیر چو بد گشت، چنان بخت که برگشت
در رفع بلا کوشش چندان نتوان کرد

آن گوهر تابنده که با دست اجل رفت
افسوس و صد افسوس که جبران نتوان کرد

گر چرخ و فلک وفق امید تو نگردد
دوران به مراد دل انسان نتوان کرد

جز صبر و شکیبائی و ایمان و صبوری
آسوده دگر حال پریشان نتوان کرد

آخـر بـه سحـر میرسـد این شـام سیـه فـام
دل را کـه ز امیــد پشیمــان نتـوان کرد

بـاشد کـه دلی شـاد کنـد مهــر رخ دوست
دوری دگـر از چهــره خنـدان نتـوان کرد

\* \* \*


سوز دل
\*


ای دوست مپرس از من سوخته دل
ایـن جـان و دل مـرا کـه میسوزاند

تـوفنـده شـرار آتشین عشق است
ایـن جـان و دل مـرا کـه میسوزاند

\* \*


129

# مال من یا مال تو

*

هر چه دارم از تو دارم ، مال من یا مال تو
چهره افسرده از من، روی زیبا مـال تـو

یک نگـاه دلفـریب از چشـم مستت مـال مـن
آنچـه دارم دلبـرا از مـال دنیـا مـال تـو

با من مسکین بساز امشب تو در صلح و صفا
تـا شـود این جـان بی مقـدار فـردا مال تو

گرچه رسـوای جهـان گردیدم از سـودای تو
آنچـه دارم در دلـم، پنهـان و پیـدا مـال تو

نازنینـا نو جوانی رفت و پیـری سـررسیـد
این تمنّا هـرچه هست از پیـر و برنا مال تو

آنچـه دارم ای پری در خاطر از تو مال من
وآنچـه داری در نظـر از فتنـه با ما ، مال تو

130

سینه من چون صدف خالی است در سوز فراق
گـوهـر پـرورده در دامـان دریـــا مـال تو

هـرمـز این آتش کـه میسوزد درونـم مال اوست
شوق عشقش تا که هست این شعله برپا، مـال تو

* * *

# جدائــی
*

با ما جدائی کـرده ای ، ای بیوفـا صبـرم بده
بـاران رحمت گو ببـار، ای آسمـان ابـرم بده

درد فراقت میکشم ، در دل هـوس را میکُشم
شـاید سحر گردد شبـم ، خورشیـد تابـانم بده

آزرده ام از دوریـت، افسـرده از مهجـوریت
یـا بیش از این یـادم بکـن، یـا کمتر آزارم بده

در دل شـرار عشق تـو شـد کـوره سـوزان من
روشن کن این شـام سیـه، شمع فروزانم بده

فریـادم ای بیـدادگـر ، تـا آسمـانهـا میرسد
تا بـاز خـامـوشـم کنی ، گـوشی به فریـادم بـده

یاد از جوانیهـا کنم ، عهـدی کـه بـا هم داشتیم
گر غافل از مهرت شدم ، یک شب بیا یادم بده

132

مفتون چشمان توام ای فتنه در خواب و خیال
تا باز بیدارم کنی ، امید دیدارم بده

بی روی تو هرمز دگر سازش دریغا بی نواست
باز آ و شوری دلنشین بر نغمه سازم بده

\* \* \*

# مستـــانه
*

امشب خیــال رفتن میخانـه کـرده ایـــم
فکری به حـال این دل دیـوانـه کرده ایم

زنجیر عقل و هوش و خرد بسته پای ما
بــا جـام بـاده وعـده مستـانه کرده ایم

از عرش کبـریا خبـری نیست این زمان
دست دعـا بـه سـاقی و پیمـانـه کرده ایم

چرخ و فلک به فتنـه گری جـان ما فسرد
جـان را فـدای دلبـر جانانـه کرده ایم

پیونـد مهر و عهد وفـا، آشنـا شکست
بـا چشم بستـه روی بـه بیگانـه کرده ایم

گو پیـر می فـروش کـه دُردی کشیـم ما
امشب نظـر بـه سـاقی دُردانـه کرده ایم

134

زان لب که بی خیال ز ما غنچه کرده است
امشب خیـال بوسـه دزدانـه کـرده ایـم

هرمز گدائی ره خوبـان مـرا م تو است
حــالی هــوای محفل شاهـانـه کرده ایم

* * *

# دامان ساحل
*

میـربایـد از ســرم امشب خمـار مستی ام
میکشد دامان ز دستـم با همــه تردستی ام

موجم و ساحل مرا میراند از خود ای دریغ
کی بیاسـایم به دامـانش که گیـرد هستی ام

* *

135

تقدیـــم به خواهر عزیزم هما

# بنـــده نواز
*

آن پری چهره که با عشوه و ناز آمد و رفت
باز آشفتـه دلـم کـرد کـه بـاز آمــد و رفت

غمزه هـا داشت نگـاهش که دلـم را میبرد
شـاه خوبـان کـه شبـی بنده نواز آمد ورفت

راز عشقش ز حریفـان همــه جا پوشاندم
مگر آن روز که آن محـرم راز آمد و رفت

دل سـودازده ام قصــه وصلـش مـی جست
غصه ها داشت، که با نـاز و نیاز آمد ورفت

تـا خیـالـش بـه سـرم در حـرم عشقش بـود
جلـوه مـاه رخش وقت نمـاز آمـد و رفت

سـوختم آتش عشقی کـه دلـم بـرد و گداخت
دلبـرم بـود کـه بـا سـوز و گداز آمد و رفت

136

میخریدم همــه نازش به متــاع دل و جــان
هر شب از عمر که سوداگر ناز آمد و رفت

هرمز آن بلبل خوش خوان که به رؤیا دیدم
دلبـرم بود که بس  نغمــه نواز آمد و رفت

\* \* \*

137

# قـــرار

*

روزگــارا مـا کنـــاری و قـــراری داشتیـــم
بـا بتــی رعنـــا قــراری در کنـــاری داشتیم

شور وآشوب جوانی بود درجوش و خروش
زندگی خوش بود وما هم روزگاری داشتیم

گلستــان از لالـه و سنبل صفای عشق داشت
گلعـــذاری دلـربـا، در لالـــه زاری داشتیـــم

یک نظر بر ماهرویان شـادی یک عمـر بود
از نگـــاه گـــرم خوبـــان انتظـــاری داشتیم

بیوفـــائی شیـــوه یـــاران دیـرینـــم نبـود
مـــا ز یـــارانِ جـــوانی چشـــم یاری داشتیم

گـــردش دوران اگـــــر وفـق مـراد مـــا نبود
آخـــر انـــدر کنـج خلوت اختیـــاری داشتیم

آسمـــان گــر تیــره میشد، نوری از امید بود
ابــر رحمت بــود و بــاران و بهــاری داشتیم

خواب راحت گردمی برچشم گریان مینشست
شــور مستی بود کــز چشــم خمــاری داشتیم

روزگـــارا رســم دیرینت چه شـد این روز ها
ما سر و سامان به هر شهر و دیاری داشتیم

صلــح و آســایش اگر میشد نصیب ما گهی
در تــلاش زندگــی خــود اعتبــاری داشتیــم

شهـروندی بود و شهـری بود در نظم و قرار
شهرِ یاران بود و مـا هم شهــریاری داشتیم

هرمز ازاین روزگاران شکوه بیحاصل مکن
رفته آن دوران کـه آرام و قـــراری داشتیــم

* * *

# تنهــــائی
*

چه نعمتی است تنهائی
و چه آرامشی است در سکوت
درها بسته، پنجره ها مسدود
نه صدائی از باد و طوفان
زندگی بی خیال از گذشت زمان
لحظه ها را میشمارد

چشم ها بسته ، گوش ها آرام
خستگی ها از یاد رفته
درد ها آسوده
رنجها خفته
غمها نهفته
زندگی یکسره در سکوت و آرامش
چه تنهائی دلپذیری

و من ، ای امید شبهای بی سحر
نرمی دستت را در دستهایم
و گرمی نفست را در سینه ام

با تمام وجود احساس میکنم
و چه رؤیای شیرینی است
آن یک دم کوتاه
که تو در کنار منی
و من میدانم که با تو
چه نعمتی است تنهائی .

\* \* \*

141

# رؤیــــا
*

کمـان ابروست یار من ، بنـازم تیـر مژگانش
کـه تـا سینـه سپـر دارم ، نمیگردم پشیمـانش

ز تـاب زلـف پرچینش دلـی آشفتـه تـر دارم
کجـا آسـودگی یـابـم من از زلف پریشـانش

نگـه میـداردم در دام عشقش یـک نگـاه او
خمـار ومست و مدهوشم کند افسون چشمانش

خیال خوشدلـی پرورده ام در سر،مگر یک شب
بگیـرم کـام دل از غنچـه لبهـای خنـدانش

در آغوشش بگیـرم تا بجویم شور و سرمستی
مـن شوریـده دل از سینـه سیمین و لرزانش

چه شبها مانده ام تنهـا در این کاشانه تاریک
مگـر روشن کنـد این کلبه را شمع فروزانش

142

به ناز و عشوه اش میسازم و میسوزم از عشقش
چو مجنون میدوم سرگشته در دشت و بیابانش

بمان هرمزدر این رؤیا که یار امشب کنار توست
سحـــر میدزدد از مـن جلـوه آن مـــاه تـابانش

\* \* \*

143

با الهام از غزل زیبای عماد خراسانی
«آنکه رخسار تو را اینهمه زیبا میکرد»
«کاش از روز ازل فکر دل ما میکرد»


# باده عشق
*


آنچه رخسار تو از پرده هویدا میکرد
قصه ای بود که در میکده غوغا میکرد


زلف پر چین تو در پیچ و خم انداخت مرا
بس دل غمزده عشق از تو تمنا میکرد


در ره وصل تو از نام و نشان بگذشتیم
چه ستم بود که با این دل رسوا میکرد


دل دیوانه که در حلقه گیسوی تو بود
عقل میگفت ببینش چه خطاها میکرد


عشق و دلدادگی و مستی و سرگردانی
سهم ما بود که آن قامت رعنا میکرد


144

دلفریبی و هزار عشوه و صد غمزه و ناز
جلــوه هــا داشت کــه  آن یــار فریبــا میکرد

شب که مهتاب رخش خواب ز چشمم میبرد
دل دیــوانــه پریشــان کــه چــه  فردا میکرد

هــرمــز از گنبــد مینــا مــه رویت میجست
شب کــه از بــاده عشق تــو بــه مینــا میکرد

\* \* \*

# شکر خند
*

نـازنینم ایـن دل سـرگشتـه تـا در بنـد تـوست
روز وشب در جستجوی غنچـه لبخنـد تـوست

وای از آن روزی کـه بـی پـروا فراموشـم کنی
جان من، عمرم، نشاطم، هستی ام پـابنـد تـوست

تـا دل دیـوانـه ام میجـوشـد از شـوق وصال
در شب تنهائی ام رؤیـای مـن پیـوند تـوست

دلبـرم ایـن دل کجا بایـد بـرم جـز کـوی تو
بـا همـه بی بنـد و بـاری جـان من دلبنـد تـوست

گلعـذارم، کی گـذارم جـان بـه کف در راه تـو
تـا بیـائی و ببینـی هـرچـه دارم بنـد تـوست

حـال زارم را نـدانـم در غمت مانـند چیست
لیـک دانـم بستـه آن زلـف بی مانـند تـوست

146

در سر بازار عشقت جان بی مقدار من

بی نیاز از پرسش و میزان چون و چند توست

این غزل تا میرسد، هرمز، به گوش آن غزال

جان شیرینت فدای یار شکرخند توست

* * *

# آشفتــــه

*

امشب آشفتـه دلــی دارم و دلــدارم نیست
کلبــه غمزده ا ی دارم و غمخوارم نیست

رفت بـا غمـزه مگـر بـاز به خوابش بینم
راحت خـواب درایـن دیـده بیـدارم نیست

جـان به کف دارم و سودای وصالش طلبم
مانـده ام در سـر بـازار و خریـدارم نیست

روزگاری دلم از جلـوه رویش خوش بود
چـه شـد آن ماه درخشان که پدیدارم نیست

امشب این شمع چو من تا به سحر میسوزد
سـوز و سـاز دگـری دردل بیـزارم نیست

یـاد آن دم کـه ز رخ پـرده برانداخت شبی
رفت و جز خاطره در پـرده پندارم نیست

دادمـش ایـن دل دیـوانـه کــه آرام کنـد
غـافل آن فتنـه که جز در پی آزارم نیست

148

امشب این سوز دل و ساز غم انگیز دگر

مرهمی بر دل آشفته و بیمارم نیست

درد و افسوس که مفتون نگاهش گشتم

فتنه ای نیست که در یار دلازارم نیست

هر مزا بار سفر بند از این شهر و دیار

از که یاری طلبم چون به برم یارم نیست

\* \* \*

# خواب طلائی
*

ای پری پیکـر کــه با ما بیـوفائی میکنی
صحبت از بی مهری و قهر و جدائی میکنی

ناز کم کن ز آنکه ما را هست بر مهرت نیاز
کعبـه آمـالی و بـر مـا خـدائـی میکنی

با رقیبـان همـدمی ، بـا مـا نمیسـازی دمی
چـون غریبـان از چـه تـرک آشنائی میکنی

شهـره شهرت نمـودم ، شهرتت عالم گرفت
بی نیـازی اینک از ما ، خود کفـائی میکنی

تـا تـو را خلقی به زیبـائی ستـایش میکنند
از چـه ای افسـونگـر دل خودستائی میکنی

گه نهانی از نظر روی تو در رؤیای ماست
گه تو با صد ناز و عشوه خودنمـائی میکنی

150

تــا رســد دستم به دامـانت شبـی در خلـوتی
از بــرم دامـن کشــان قصـد رهائی میکنی

انتهـــائی نیست راه وصـل تو جـز در خیال
بی خیـال از مـا چـرا ترک نهـــائی میکنی

هـرمـز از آن سروقد شوخ سیمین بر بپرس
هیـچ یاد از مـا تو  در خواب طلائی میکنی

* * *

# شِکــوه

*

زمــان آن شــده تا شکــوه از زمــانه کنم
از ایـن قفس بـروم ، ره بــه آشیــانه کنم

ز خویش در گذرم تا که مهـر دوست بیابم
ســرای یـار در این کـوره ره نشــانه کنم

مسیر عمـر به سر شد، مگر که باز جوانی
ز خـاک راه بجــویم ، کمـر کمــانه کنم

مـن آن درخـت کهنسـال فصـل پائیـزم
بــود کــه بـار دگـر برگِ نو جوانه کنم

مرا گریــز نبــاشــد دگـر ز دام دو زلفت
کجـا تـوان بگریــزم ، چه را بهــانه کنم

بیـا بتـا کــه تو خـود ساحـل امید منی
روان بسوی تـو این مـوج تا کرانه کنم

152

هر آنچه مانده از این عمر پر نشیب و فراز
فـدای پیــچ و خـم زلـف تـو شبـانـه کنم

بیـا بـه کلبـه هرمـز شبی کـه ساز بگیرم
ز هـر نگـاه خمـارت دوصـد تـرانـه کنم

\* \* \*

# بیمار عشق
\*

بیـا دلبـر کـه من بیمـار عشقم
جهـان میسوزد امشب از تـب من

چو نی دارم نواها در دل خویش
اگـر یک دم نهی لب بر لب من

\* \*

153

# خلوت شب
*

خوش است خلوتم امشب که آرزوی تو دارم
بیــا کــه ماه بر آمد ، هــوای روی تــو دارم

اسیـــر عشقـــم و در دام تــو گرفتــارم
کـه پــای در شکـن حلقه های موی تو دارم

سحـر نمیشود آن شب کـه در خیـال وصال
به شـوق با دل ســرگشته گفتگـوی تـو دارم

به شهر عشق تومن شهریارم ای شه خوبان
که تاج بر سرم امشب ز خاک کوی تو دارم

گمــان مدار که گم گشته ام به وادی عشقت
کـه ره به عالـم خوبان ز جستجوی تو دارم

به کنج میکـده ساقی خمار و مست و خرابم
شراب ناب در این ساغر از سبـوی تو دارم

154

بیـا بـه قـامت رعنـــای خـود نظـــر بنمای
منــم کـه دیــده چــو آئینه روبـروی تو دارم

فتـــاده تـا دل مــن در کمنـــــد ابـــرویت
فســانه ها مـن رسـوا ز حسن خوی تو دارم

بیـــا که مشک فشان شد سرای خلوت هرمز
ز عطــر خاطـره ها کـز رخ نکوی تو دارم

* * *

## شرار عشق

*

ای عشق اسیـر یـک نگـــاهم کـردی
دلسـوختــه از شـــرار آهــم کـردی

شد خانه خراب وسوخت کاشانه دل
درمانــده و زار و بی پنـــاهم کردی

* *

# نگـــاه

*

سالها در دل تنگم
شرر عشق تو را
زیر خاکستر ایام
فرو بردم و پنهان کردم

تو فریبنده به صد غمزه و ناز
دام تزویر به راه دگران گستردی
و من دلشده با آنهمه امید و نیاز
دل سودا زده را
در هوای تو پریشان کردم

گاه می دیدمت ای فتنه سودا گر عشق
در کنار دگران
گوهر گرمی آغوش خود ارزان کردی
دل سپردی به هوای هوسی زود گذر
خاطر دلشدگان را چه پریشان کردی

یادم آمد که شبی مهتابی
در سر راه تو، چشمت به نگاهم افتاد
تو ندانستی و خود روی ز من گرداندی

با که گویم که در آن چشم خمار
آتشی بود که در خرمن جانم افتاد

سالها رفته و من در غم تو سوخته ام
آنچه مانده است مرا خاطره ای جانفرسا
که تو در یک دم کوتاه
و با یک نگه آتش زا
نه که یک لحظه افسانه سرا
بلکه یک عمر مرا
بنشاندیم به امید نگاه دگری.

\* \* \*

# گوشه نشین

*

بـاز امشب غمت آتـش زده بـر خرمـن جانم
بـی تـو ایـن آه جگـرسـوز نهفتـن نتوانم

چه خبـر داری از این خسته دل گوشه نشینت
کـه شـرار غـم تو تـا ننشینی ، ننشـانم

نـه مـرا تاب جـوانـی کـه بسـویت بشتـابم
نـه ز کـوی تـو نشانی کـه پیـامت برسـانم

نقش روی تـو بـه هـر گـوشه کاشـانه نشسته
بی تـو آخـر چه تـوانم کـه در این خانه بمانم

وای از ایـن آه گلـو گیـر کـه در نـای من افتاد
نفسـم مـانـده در این سینـه، خدا را بـر هانم

روزم از هر شب هجـران تـو تاریکتر است
خـواب در چشـم ترم نیست ز بس ژاله فشانم

158

امشب ایــن شمـع بــه پـای من دلسوخته سوخت
واین عجب نیست کــه خود همـدم دلسوختگــانم

مــن گـدای تـو در این شهـر به فـریاد و فغــانم
شهــریـارم ، تــو کجـائی کــه جـوابــی بستانم

ترک من کردی و هرمزدلش ازدست توخون شد
تــو دلــم بــردی و مـن همــره دلبــاختگــانــم

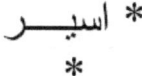

* * *

* اسیـــر
*

ای فتنـــه چــرا مـرا ز خود میرانی
در دام تــو ام اسیــرو خـود میدانی

تـا کی ز تـو ام جـدا، خــدا میـداند
تا چنـد کنی عشـوه به مـا خود دانی

* *

# یاسمن

*

به خواب میروم امشب که ماه روی تو بینم
دلم اسیر در آن حلقه های موی تو بینم

چه میشود که بیائی به ناز و روی گشائی
دو چشم ژاله فشان باز روبه روی تو بینم

خیال چشم خمارت مرا به میکده برد
چه آتشی است که سوزنده در سبوی تو بینم

به وصف موی سیاهت شبی دراز گذشتم
چه حسرتی است شبی را به گفتگوی تو بینم

به ناز و عشوه ربودی زمن تو صبر و قرار
بود که باز خوشی ها ز خُلق و خوی تو بینم

نشسته ام سر راهت مگر ز لطف در آئی
گمان مدار جدائی دگر ز کوی تو بینم

فرو کشــد اگــر ایـن سیـــل اشــک خونینم

چه خواب های خوشی را در آرزوی تــو بینم

از آن چمـن که تـوئی یاسمن چو عطـر بهـار

بیا به کلبـه هرمـز که رنگ و بـوی تـو بینم

* * *

## غزلساز
*

دل تا هوس نگـاه پـر نـاز تو کرد

آشفتـه ام از قـامت طنــاز تو کرد

عشق است که در نیاز چشم مستت

ما را به ترانه ای غزلساز تو کرد

* *

161

# پشیمـان
*

خانـه ام ویـرانه شـد از اشـک چشمانـم ، بیا
جـان نکـردم گـر فـدای تـو، پشیمـانم بیا

خون دل تا کی خورم زآن چشم ناز و دلفریب
کشتـه و درمانـده از آن تیـر مژگانـم، بیا

پیچش زلـف پریشـت مسـت و بیتـابـم نمـود
والـه و شیـدای آن زلـف پـریشـانم ، بیا

یک نگاه از چشم مستت ، نـوش جانـم میکنی
از لـب لعلـت شـراب نـاب نـوشانـم بیـا

شـب دراز و آسمـانـم روشـن از مـاه رخت
بستـری از بـرگ گـل دارم بـه بستـانم ، بیا

تـا سپیـده سر نهـم بـر سینـه سیمیـن تـو
از دل شـوریده هـر شب نغمه ها خوانم ، بیا

162

شعله‌ها سر میکشد از کوره سوزان دل

آتش عشق توام افتاده بر جانم ، بیا

هرمز از رؤیای وصلت برنخیزد تا سحر

تا توئی شمع فروزان در شبستانم ، بیا

\* \* \*

# چشیدن دارد

*

آهوی خوش خط و خال تو چریدن دارد
دل سر گشته من شوق رمیدن دارد

ناز کن ، عشوه نما، غمزه و طنازی کن
که به پاس نگهی از تو، خریدن دارد

ره وصل تو دراز است و قدمها خسته
سالکی گفت که این راه دویدن دارد

تا تو شیرینی و من خسرو دلداه تو
قصه خسرو و شیرین چه شنیدن دارد

کاش بر قامت رعنای تو توری میبافت
تار و پودی ز دل ما که تنیدن دارد

دل من پیچ و خم از طره پر تاب تو داشت
کی از این دام دل خسته رهیدن دارد

شـور دلدادگی از لطف هم آغوشی ما است
سِـر نگهـدار کـه این منظره دیـدن دارد

بوسه ای از لب میگون تو هرمز میخواست
جرعه ها ز این می خوشرنگ چشیدن دارد

\* \* \*


بی نیـاز
\*

بیـا تا چشـم نازت را بنـازم
نگاهم کن که من در سوز و سازم

چو چشمت را بگردانی به سویم
دگر از چـرخ گـردون بی نیـازم

\* \*


165

# جــوانـــی
*

نـو جوانی بود و من خوش زندگانی داشتم
دلخـوشی بـا شور و حال نـوجـــوانی داشتم

نـوجوانی بود و گـوئی زنـدگی پایان نداشت
غـافـل از فـردا چـه افکـار نهــانی داشتم

نـوگلـی بـودم شکـوفا در مصـاف نو بهــار
دلـربـائی بـا دو ابـروی کمــانی داشتـم

عشق میبـاریـد از سـر تا بپـای عمر من
بـا سـر شـوریده شـوق جـان فشانی داشتم

خـود ندانستـم کجـا پائیـز شـد جـای بهار
خـود نسنجیـدم کـه بـا دنیـا تبـانی داشتم

آنچـه بـودم از تـوان و قدرت تن شد فنـا
کی خبـر از روزگـــار نـاتـوانی داشتم

برف پیری بر سـرم بنشاند رنـج روزگار
آنچنـان کـز آفت پیـری نشــانی داشتـم

166

تا توانِ چشم وگوش ودست وپایم سست شد
قد خمیـد و رفت آن دوران که جـانی داشتم

در جوانی شـور و حال دل نشاط انگیز بود
بـا زبـان شـاعـری طبـع روانـی داشتـم

یار ویاور رویگردان شد ز هرمز ای دریغ
ز آنچـه در خواب و خیـال نـو جوانی داشتم

\* \* \*

تقدیم به همسر نازنینم ، ویدا

# امید وصـــال
*

به عالم جز تو زیبا دلبری دیگر نمی خواهم
تو رعنا قامتی مه پیکری دیگر نمی خواهم

به گلشن جز گل رویت گلی دیگر نمی جویم
ز گردون جز تو تابان اختری دیگر نمیخواهم

نگاهت شـور مستی در دل دیوانـه ام ریزد
جز این شوریدگی شور وشری دیگر نمیخواهم

به دور افکنده ام جام شـراب ارغوانی را
که جز چشم خمارت ساغری دیگر نمیخواهم

ز جادوی نگاهت عالمی افسـانه میگـوید
من افسون توام افسونگـری دیگر نمیخواهم

به دریـای دلـم عشق تو مروارید غلطان شد
صدف شد سینــه من گوهری دیگر نمیخواهم

شـرار عشق سوز انت چو زد بر خرمن جانم
به خاکستر نشـاندم اخگـری دیگر نمیخواهم

168

براهت گر بریزم سیم وزرچون خاک ره باشد
توئی چون کیمیا سیمین بری دیگر نمیخواهم

به پایت تا سر افکندم سرافرازی نصیبم شد
تو کردی سربلندم سروری دیگر نمیخواهم

مرا ویدا عزیز دل بود از دل شنو هرمز
که جز ویدای زیبا همسری دیگر نمیخواهم

* * *

# سحر سوز

*

یاد آنکه شب تیره ما هم سحری داشت
آن چشم سیه فام به ما هم نظری داشت

دل ، بسته آن طرّه پر پیچ و خمش بود
هرگه به خطا از بر ما هم گذری داشت

آن شهره شهری که ز آشوب نگاهش
شوریده دلی در دل شب شوروشری داشت

افسرده دلم کرده ز افسون نگاهش
میشد مگر از چشم ترم هم خبری داشت

بیهوده هدر رفته مرا عمر و جوانی
شاید نظری بر منِ پیرانه سری داشت

گو آن بت رعنای سفر کرده چه میشد
با همسفری چون دل ما هم، سفری داشت

تصویر جمالش ، لب گلگون و رخی سرخ
نقشی ست که در دفتر صاحب نظری داشت

هرمز مشکن عهد و وفا، کاین شب تاریک
چون شمع سحر سوزِ تو شاید سحری داشت

\* \* \*

# چــه میکنـــی

*

یـارا ببیـن کـه بـا دل زارم چـه میکنـی
بـا ایـن گـرفتـه حـال نـزارم چه میکنـی

خلقـی فغـان ز دوری جانـانـه میکننـد
امشب کـه مانـده ای بکنـارم چـه میکنی

لب بـر لبـم نهـادی و جانم بـه لب رسید
اینـک نشستـه ای بـه مـزارم چـه میکنی

رنگ خزان گـرفتـه گلستـان عمـرمن
با شـاخـه هـای سـبز بهـارم چه میکنی

سر کرده ام بـه خلوت عشقت دو روز عمر
آواره خـود ز شهـر و دیـارم چـه میکنی

هر زخمه ای بـه ساز زدم غـم بـه دل نشست
با نغمــه هـای دلکـش تـارم چـه میکنی

172

خــو کــرده ام به حــال دل بیقــرار خویش
عشق تــو بــرده صبــر و قرارم چه میکنی

مخمــور یک نگــاه تــو ام ای نگــار من
با دیدگــان مست و خمــارم چــه میکنی

هــرمــز بگــو به آن بت پیمان شکن شبی
ای روشنــائی شــب تــارم ، چــه میکنی

* * *

173

# شـــرار
*

توئي کـه از دل غمگین شـرار بنشانی
بیــا کــه حــال مـن بیقـــرار بنشــانی

کنــار ســاحل عشقت چو موج می پیچم
چــه میشـود کــه مـرا در کنـار بنشانی

در انتظـار تـو هـر دم زجـای برخیزم
مـرا چـه فایـده ، درانتظـار بنشـانی

بیـا به لطف و صفایت سـر پُر آشوبم
به روی شـانه چنان زلف یـار بنشانی

خمـار چشـم سیاهت گـرفت مستان را
به خواب خوش ببرم کاین خمـار بنشانی

عذاب میکشم از این سـرای پر آشوب
مگـر که فتنـه تـو از این دیـار بنشانی

174

برون درآی تو از پـرده ای بت رعنـا
کـه یـار خستـه دلت در جـوار بنشـانی

بسـاز هرمز اگـر یـار غمـزه دارد و ناز
مگـر به نغمـه سـاز این شـرار بنشانی

* * *

## دلبـــر
*

دلباختـه ای کـه چون تو دلبر دارد
از دلبـر خـود چگـونه دل بر دارد

عشق تو اگرچه غم بـه دل بگذارد
امّـا غـم این جهـان ز دل بردارد

* *

## داد دل

*

دل رمیده به دیدار یار دادم و رفت
عنان به حلقه زلف نگار دادم ورفت

پیام عشق فرستادمش به شوق و ندید
خبر ز آفت این انتظار دادم و رفت

مرا زِ درد فراقش چو اختیارنبود
متاع جان همه بی اختیار دادم و رفت

نثار مقدم رؤیائی اش ز گوهر جان
بسان ابر بهار اشکبار دادم و رفت

چو جلوه گل رویش ربود عذر گناه
دلم به دست بتی گلعذار دادم و رفت

به راه یار چه دارم دگر که از غم عشق
به او چو لاله دلی داغدار دادم و رفت

شبی بـه نـاز و ادایـش قـرار من بر بـود
بـه او شکسته دلی بیقـرار دادم و رفت

خزان عمر رسیده است و از جوانی خویش
چـه روز ها که به بـاد بهـار دادم و رفت

ز سردمهری دوران چه گویمت، هرمـز
که دل به گرمی آغوش یار دادم و رفت

\* \* \*

177

# شـــرار غـــم
*

خاکم و زیر پای تـو ، سر به زمین نهاده ام
در ســر راهت ای پری ، خسته ز پا فتـاده ام

آتش عشق سر زد و خرمن جان من بسوخت
شعله سرکشم کنون ، ســوی تو سر کشانده ام

یک نگـه ای سنـم به مـا میـروی و نیمکنی
در غـم انتظـار تو ، رفتی و بی تو مـانده ام

ســاقی سیـم ساق من گردش ساغرت چه شد
بر لب خشک مـن ببین جـام تهی ز بـاده ام

تـا در رحمت و صفـا بر مـن خسته بسته شد
چشـم امیـد و آرزو ســوی تـو من گشاده ام

بر رخ زرد مـن ببیـن دیده اشکبـار مـن
گوهـر دانـه دانـه در لوحـه زر نشـانده ام

کعبـه آرزوی مـن خـاک در ســرای تـو
در حــرم وصـال تو سر به دعا نهاده ام

178

با همه رنج زندگی زنده ام از برای تو
بی تو بمیرم عاقبت ، بهر تو گرچه زاده ام

از من بینوا دگر جز دل و جان طلب مکن
دل به ره تو داده ام، جان به کف ایستاده ام

هرمز اگر شرار غم خانه و آشیانه سوخت
شادم از آنکه هستی ام در ره دوست داده ام

\* \* \*

## مـژده بهـار

*

تـا خـزان چهـره زردی بـه من مسکیـن داد
جلــوه مـــاه رخـش مــژده فـروردیـن داد

رنـگ رخسـار بُتم صحن چمن گلگـون کرد
التهـــاب دل خـــونیـن مـــرا تسکیـــن داد

همـه شب در هـوسش بـار غمـی بر دوشـم
زایـن همـــه بـاز دلـــم را هـوس دوشیـن داد

مه و مهتاب و مهین ساقی و ساز است مـرا
یـاد آن جـرعـه کـه از شهـد لب نوشیـن داد

چه هـوسها کـه زنم پنجـه بـر آن زلف دوتا
چـه خیـالی کــه رهـایی ز دل غمگیــن داد

سالهــا ســوخت مــرا در هــوس لعـل لبـش
حسرتـی دارم از آن بوسـه کـه بـا تمکیـن داد

بـر سـرم در غـم او تیشـه فـرهـاد آمـد
وعـده هائی کـه بـه مـن آن صنـم شیرین داد

سـاز هـرمـز چـه سـرودی ز غمش میسازد
بس بـه هـر پـرده نـوای خوشِ آهنگیـن داد

* * *

## خورشید رخ

*

خـورشیـد رخت جلـوه گلـزار دل ماست
صـد خیمـه در این راه بـه امیـد تو برپاست

بـر خیـز و بیـارای بسـاط مـی و مطـرب
بنشین که نوای طرب از شوق تو برخاست

* *

# مـن و تـو
*

من آن شمعم کـه میسوزم میـان جمـع یارانم
تو آن اشکی که میریزی سحرگاهـان بدامانم

من آن آهم که مینالم ز غمهــای جگر سوزم
تو آن ابـری که میباری به گلهـــــای بهارانم

من آن لبخنـد تلخم بـر لب ناکـام مهجـوری
تو با یک خنده تسکینی هزاران درد هجرانم

خمیده قـد منم  افتـان و خیـزان بر سر کویت
تـو رعنـا قامتی ای نازنین سـرو خـرامـانم

منـم آن سـایه گمگشتـه در شبهـای تنهـائی
تـوئی آن پرتـو عـالم فروز مـاه  تابـانم

منم آن شـاخه بشکستـه از تـوفان سختیهـا
تـوئی آن غنچـه بشکفتـه در دامـان بستانم

182

من آن جـام تهـی از شهـد جانبخش شراب تو
تو را پیمـانه لبریز از شـرار اشک چشمـانم

منم مجنون توئی لیلی، منم فرهاد وتو شیرین
منم رند خرابـاتی ، تـوئی شمـع شبستـانم

مرا در سر هوای تو، تو را سر در عذاب من
مرا در دل نگهدار ای نگـاهت راحت جـانم

نـوای عشق مـا پیچیده در کاشـانه هرمز
بیا با من بمان یکدم ، که عمری با تو میمانم

\* \* \*

# غزل عشق

*

یک عمر غزل گفتم در وصف جمال تو
یک لحظه نیاسودم در فکر و خیال تو

چشمان خمارت را با واژه شیدائی
در قافیه گنجاندم با آن خط و خال تو

تا چهره گلگونت در مصرع دل بنشست
صد خرمن گل روئید در وزن نهال تو

هرچند بیارایم حسن تو به آرایه
ترسم که شود ناقص در وصف کمال تو

بیتی ز دل غمگین با شمع سحر گفتم
پروانه صفت میسوخت یارا پر و بال تو

توصیف جمال تو در بیت نمی گنجید
در جای ردیف آمد تکرار خصال تو

شرح دل محـزونـم در شعـر محـال آمد
این خامه چـه بنویسـد جزاز تو و حـال تو

هرمز بسرود امشب این چامـه شور انگیز
شایـد بـه سحـر بینـد رؤیای وصال تو

* * *

## صبا و صهبا
*

یاد آنکـه نگاهت نظری بـر ما داشت
چون باد صبا عطر می و صهبـا داشت

مستیم و خمـاریـم ، بریدیـم ز عـالم
زآن باده که از چشم تو در مینا داشت

* *

185

# رهگذر
*

زمانی روزگار من
بهار دلنشینی داشت
زمین و آسمان زیبا
هوا دلکش
شکوه نم نم باران
در و دشت و دمن سرسبز و گلباران
نشاط عطر گلخانه
سروش می پرستان در دل پر شور میخانه
جهان خوشرنگ وزیبا بود

ندانستم که تابستان چه زود آمد
ز طاق آسمان خورشید آتش زا فرود آمد
زمین گرم و هوا سوزان
طراوت رفت از بستان

خزان ناگه پدید آمد
فریم داد نقاش طبیعت
جلوه زیبای شاخ و برگ رنگارنگ
عروس باغ و بستان
گوئیا از من گریزان بود

186

دریغا، من ندانستم
که فصل برگ ریزان بود

زمستان است و من در خویش میلرزم
زمین سرد است و یخبندان
و « سرها در گریبان است »   ( اخوان ثالث )
درها بسته ، راه کوچه ها خلوت
و کنج کلبه ام هر دم ، امید نوبهار دیگری دارم

بگوشم آمد آوای یکی پیر جهاندیده
که این عمر گران، دردا گریزان است .
تو را یک عمر قسمت بود و دیگر نوبهاری نیست
گذر کردی ز تابستان و دیدی فصل پائیزت
زمستان است اینک
عمر رفته پایان است.

\* \* \*

«این جهان خانه دیو است ، از آن گشته خراب»
«آدمی کو که از او گیرد و آباد کند »


# انســـان
*

نمیدانم چرا . . .
نمیدانم چرا گفتند انسانم
چه میشد گر پرستو میشدم
آزاد و بی پروا
به اوج آسمان پرواز میکردم

چه میشد گر که زنبور عسل بودم
به نرخ بوسه ای از گلرخان باغ
عسل میساختم
تا کام نا کامی شود شیرین

چرا گفتند انسانم ، نمیدانم
ولی در کودکی در گوش من خواندند
پدر گفتا که پاک و بی ریا باشم
و مادر گفتم از مهر و وفا و عشق و همدردی
معلم گفت علم و دانش آموزم
ولیکن درس انسانیت از برنامه خارج بود
و نسل نوجوان همواره در چنگال دیو و دد

نمیدانم چرا

نمیدانم چرا گفتند انسانم

نمی بینم در این محنت سرا آثاری از انسان

جهان در آتش جنگ است

دریغا جنگ انسان است با انسان


نمی بینم ز انسانها دگر جز خوی حیوانی

عدالت رفته از کف

رحم و انصاف و محبت نیست

ضعیف اینجا بزیر پای قدرتمند پامال است

خبر از مردی و مردانگی دیگر نمی بینم

کجا رفتند انسانها.


چه خوش گفتی، مشیری

«آدمیت مرده، آدم زنده ماند»

روانت شاد و نامت جاودان

حقا که حیوان را

تو بر تر دیدی از انسان

«هیچ حیوانی به حیوانی نمیدارد روا»

«آنچه این نامردمان با نام انسان میکنند»


\* \* \*

189

# غزل خوان
*

تو پری چهره چنان در دل و در جان منی
بس که آرام دل و حال پریشان منی

میروی از برم ای فتنه و از دل نروی
هر کجا میروی ای یار ، تو جانان منی

در کنار منی آن دم که به یاد تو خوشم
مرغ خوش خوان منی تا به گلستان منی

سر به دامان تو دارم که ز پیشم نروی
در بری یا که به دوری ، سرو سامان منی

حلقه بگشای از آن طرّه پر پیچ و خمت
پرده بر گیر که خورشید درخشان منی

تو و چشمان خمارت، من و پیمانه به دست
سحر امشب نشود تا تو به پیمان منی

شور عشق است و بیا ، شعله بر افروز بتا
سـر شب تـا بـه سحـر شمـع فـروزان منی

ساز هرمز به ره سـوز و گداز است امشب
تـو کجـائی که در این کلبـه غـزلخوان منی

* * *

گــواه
*

آنچه جان درتن بیجان من آورد نگاهی زتو بود
آن همه شوروشرر وسوسه چشم سیاهی زتوبود

هرسحرگاه که  برخیـزم و رؤیای تو را یاد کنم
ماندنم در پی روزی دگر از عمر گواهی زتو بود

* *

191

# محـــزون

*

آتشی سوزان ز عشقت چون ز پا تا سر شدم
در مسیر باد و طوفان سرد و خاکستر شدم

نو گلی بودم شکوفا ، زینت باغ و چمن
در ره باد خزان ، افسرده و پرپر شدم

اشک شبنم دانه دانه بر گل عمرم نشست
چشمه اشکم روان شد ، تا که دامن تر شدم

بر سر کویت نشستم حلقه ها بر در زدم
تا بپایت سر نهادم ، بر جهان سرور شدم

شام تاریکم فروغ از مهر تابان تو داشت
تا منور بودم از خورشید روشنتر شدم

طاقت دوری ندیدم سر به صحرا ها زدم
چشمه ها جوشید تا از دیده اشک آور شدم

تا سر آید شام تارم ، دور هجران طی شود
رنج مهجوری کشیدم ، با غمت همسر شدم

مرغ دل تا در هوایت بی محابا پر کشید
در خم زنجیر زلفت بسته بال و پر شدم

سرنوشت آخر در میخانه بر هرمز ببست
بی نصیب از ساقی و از گردش ساغر شدم

* * *

# فریـــاد
*

بنگ . . . بنگ
یک لحظه کوتاه
هیاهو در خیابان خوابید
گلوله سوت کشید
و صد متر پائینتر
زن جوانی پخش زمین شد و در خون خود غلتید

بنگ . . . بنگ
فریاد انقلاب بود
مرگ بر دیکتاتور
دژخیمان موتور سوار
با جوانان بی دفاع و سینه چاک
در هم آمیختند
و باز هم
گل های شکوفای وطن درو شدند

بنگ . . . بنگ . . . بنگ
زنجیر ها گسست
دیوارها فروریخت
حجاب ها بر سر چوب
پرچم های آزادی بر افراشته
و باز هم

جویبار خون
و وداع با زندگی

بنگ . . . بنگ . . . بنگ
خفقان . . . دست بند . . . اعدام
زندانها پر
چوبه های دار برپا
فریاد ها در گلو خفه
درها بسته، خیابانها خلوت
آرامش فریبنده ای میدان نبرد را پوشانده

بنگ . . . بنگ . . .
گمان مدار
ملت آبستن غرش طوفان است
آتش فشان در جوشش
زمین در لرزش
و ستونهای ظلم و ستم
آماده فروپاشی است

در امان باش، مام میهن
زن در حجاب
زندگی در خاموشی
آزادی در بند
نمی مانند

بنگ . . . بنگ . . . بنگ . . .
زن . . . زندگی . . . آزادی . . .

195

# کجا رفتند انسانها
*

چنان آشفته خاطر گشته ام اینجا
که میبینم جهان درچنگ آشوب است
و انسان گوئیا در خواب و خاموشی
چه باید گفت
و این را با که باید گفت
مگر نیما نگفته « آی آدمها »
کجا هستند انسانها

یکی در خواب
یکی بیتاب
یکی در پیچش گرداب
جهان در خاک و خون غلتیده
اما . . .
طنین غرّش فریاد ها
دردا که دیگر در گلو مانده

بنا کردند دیوار میان ظلم و رحمت را
برای هر نفردر مسند قدرت
هزاران بینوا، قربانی خونخواری و وحشت

بپا کردند هرجا میله های تنگ زندان را
در این سو، بیگناهان در غل و زنجیر
در آن سو غاصبان بر مسند بیداد

چه آشوبی است این دنیا
چه کابوسی است این شب ها
چه بی فرجام مانده مژده فردا

چرا از عرش اعلا قاصدی پائین نمی آید
چرا از عالم بالا نشانی دیگر از ناجی نمی باشد
چرا این کاخ ظلم و دشمنی در هم نمی پاشد
کجا رفتند انسانها .

\* \* \*

197

# در باب خرد

*

هر آن کو خرد را به ما یاد داد
به ایران زمین هدیه ای شاد داد

خرد مندِ دانـا و آزاده را
دلی شـاد و اندیشـه آزاد داد

بسا بی خرد اندر این روزگـار
چه سرمایه هائی که بر باد داد

نه عقل و خرد بود، بل عشق بود
که آن تیشـه در دست فرهـاد داد

بنـازم بـه فـردوسیِ پـارسی
زبـان را رهـائی ز اضـداد داد

ز شهنـامه گنجینـه ای ساخت او
کـه رسـم نیاکـان به ما یاد داد

خرد برتر از هر چه بینی به دهر
که علـم و هنـر را به ما شاد داد

198

# سخن عشق

\*

شـــاد آنکــه دلــش در پـی دلــدار روان است
دریـاب کــه عشـق عافیت روح و روان است

دل از تب عشق است که درجوش وخروش است
تـا آتـش عشـق است جهـان در غلیـان است

در میکـده بین صحبت مستـان همه عشق است
« آنــرا که عیـان است چه حاجت به بیان است »

ســاقـی بـده مـا را قـــدحی از مـی گلـرنـگ
سـودای تو عـاری همــه از ســود و زیان است

افسـوس بـر آن دل کـه تهی از غـم عشـق است
افسـون دل عـاشـق سرگشتـه عیــان است

تـا جـان و دل مـا گـرو بـاده عشـق است
ســر مستی مـا بیخبـر از دور جهـان است

هـرمـز غـم دنیـا مخـور این چنـد صباحـی
خـوش بـاش کــه با عشق ، جهانت گذران است

\* \* \*

199

# بی خبران

*

یار صادق خبرم داد که ما بی خبران
چه نشستیم که حاصل شود از عمر گران

بارور کی شود این عمر سترون به امید
واین عجب نیست کز این عمرگرانم نِگران

در توانائی ما دور جوانی خوش بود
عهد پیرانه سری نیست مرا تاب و توان

ساقیا ساغری از باده گلگون بر گیر
که در این خلوت شب نیست خوشم با دگران

دل سودازده ام جز سر کوی تو نجست
که خیالت نرود از سر سودازدگان

شهره شهرم و رسوای جهانم کردی
بی تو ما را نبود حاصلی از نام و نشان

ساز هرمز که به هرزخمه نوائی میساخت
جز نوای تو نگوید سخن از دلشدگان

* * *

تقدیـم به استاد محمد علی دولتشاهی
بمناسبت یکصدمین زاد روز فرخنده ایشان.

# صد ســـال
*

« امـروز مـا ز سـایر ایام خوشتر است »
« شادیم از آنکه سایه استاد بر سر است »

آن گـوهــری که دست هنر پرورش بسفت
در دیـدگــاه اهـل هنـر بس منــور است

عمری است نقش ذوقِ هنردوستتش به نـام
در هر کتاب ودفتر و دیوان مصوّر است

نقــاش چیـن نــدیــده چنــان او نگــارگـر
چون پیچ وتاب هرقلمش درّ و گوهر است

تدریس کـرد دفتـر هنـرش در هنرسرای
آمـوخت آنچه بهـر هنرجو میسّـر است

تا صیت شهرتش ز دیار و وطن گذشت
میدیـد در قفس هنـرش مـرغ بی پر است

201

چون گوهری که در صدفش جا نمیشود
دانست ارزش هنرش جای دیگر است

ترک وطن نمود و دلش در وطن بماند
گرچه هنرشناس همه جا نام آور است

نقش و نگار او همه شد شاهکار او
آثار او به کاخ هنرمند زیور است

آنگه که گشت شهره شهر این نگارگر
دانست او به شعر و ادب هم سخنور است

گر جمع دوست هست و یا بزم عاشقان
شمع وجود اوست که سوزنده اخگر است

در نظم و طنز و لطف سخنهای دلنشین
بر جمع دوستان ادب دوست سرور است

با همتی که مایه فخر و ستایش است
عنترنامه اش به طنز ونصیحت مفخّر است

گوید که فصل نامه و یا سالنامه نیست
دلخواه نامه است که گاهی مقدر است

اینک در انتظار دیدن دلخواه نامه ات
استاد، چشم ماست که پیوسته بر در است

باشد که سالهای سال دگر در جوار تو
بینم که پیک مهر وصفای تو در براست

خواهم که شاد باشی و مسرور و شادکام
تا سایه وجود تو ای دوست بر سر است

صد بار زاد روز تو فرخنده بود و شاد
صد بار دیگر این به مریدان مقرر است

اینک دعای هرمز و ویدا به راه تواست
خوش باش تا تورا می باقی به ساغر است

\* \* \*

# خانه به دوش
*

ای فتنـه بـه امیـد تـو یک عمـر نشستیم
دل را به تو بستیـم و ز بیگـانه گسستیم

تـا حلقـه گیسـوی تـو دام دل مـا شـد
در پیچ وخم زلف تو ماندیـم و نرستیم

تـا فـاش بـه میخانـه شـده راز دل مـا
رسـوای جهـانیم وز سـودای تـو مستیم

آن دم کـه بـه دیـدار تـو مـا دیده گشـودیم
چشـم از هـمـه دنیـا به تمنـای تـو بستیم

در میکده عشق تو مـا خـانه بـه دوشیم
پیمـان بـه تـو بستیم که پیمـانه بـه دستیم

در عشق تو مـا بی خبر از سود و زیانیم
تـا در سر بـازار تـو سـودا زده هستیم

هـرمـز به امید نگهی از تو نشسته است
شـاید ز جفـای غـم  جانکـاه تو رستیم

* * *

با اقتباس از شعر زیبای سایه (هوشنگ ابتهاج):
« گرچه با رقص و ناز در چمن است»
« سرنوشت درخت سوختن است »

## من و درخت

*

دل من با درخت همسخن است
راه ما ساختن وَ سوختن است

هر دو در موسم بهار خوشیم
اشک ژاله طراوت چمن است

با نسیم سحر به رقص آئیم
طرب انگیز عطر یاسمن است

میرسد وقت تند باد خزان
جای بلبل کلاغ یا زغن است

برگهــا زرد و شـاخـه هـا بی برگ
سـرد و افسرده همچو حال من است

ناگهــان موسـم زمستــان اسـت
سـوز و سـرمای استخوان شکن است

تیشــه بر ریشــه هـای سـرد درخت
ای دریغـا زمــان سـوخـتـن است

دل مـن بـا درخـت همـدرد است
کــار مـا سـوختن وَ سـاختن است

هـرمـز از جور روزگــار منــال
زندگی بردن است و باختن است

\* \* \*

برای فرخنده میلاد نوه جدیدم
در هشتمین دهه عمر زودگذرم.
تصویری از آغاز و انجام زندگی


# مـــژده
*


عاقبت روزی  خبر می آید از میلاد تو
مژده جانبخش آوای سرور انگیز تو
اشک شوقم باز میریزد ز چشم بیقرار
از صدای نغمه های گرم و شور انگیز تو


میرسد آخر مرا آن دم که  در آغوش خویش
تنگ میگیرم تو را چون پاره ای از جان خود
خیره میگردی بسوی  چهره مشتاق من
مینوازی چانه ام با نرمی دستان خود


گرمی اندام زیبای تو در بازوی من
میدواند شوق هستی باز در رگهای من
از نگاه گرم و پاک تو فراموشم شود
غصه دیروز و نا فرجامی فردای من

آه میخواهم تو را در جان شیرین جا دهم
از تو شور نو جوانی در دلم پر میزند
آفت پیری به گوشم میزند ناقوس مرگ
از وجود تو دلم آهنگ دیگر میزند

ماجرای زندگی هرچند جز افسانه نیست
در تو ای پیک جوانی مژده تکرار هست
با تو عمرم نقطه پایان نمیگیرد به خود
گرچه این رازی نهان در پرده اسرار هست

این زمان می پرورد با عشق بی پایان تو را
گرمی آغوش مادر یا که دامان پدر
تا بپا خیزی و برخیزی به راه زندگی
تا که انسانی بسازی از خود ای نیکو پسر

عاقبت روزی بگیرم دست تو در دست خویش
پا بپای هم روان گردیم در دشت و دمن
من بگیرم گرمی عهد شباب از دست تو
تو بگیری شور و حال زندگی از دست من

208

دیده بگشا ، زندگی ساکن نمی ماند دمی
تا که هستم با تو دراین زندگی سود من است
ای دریغا تا تو گوئی زندگانی را درود
با ورود تو کنون هنگام بدرود من است

غم مدار آن روزگارانی که دیگر نیستم
در وجود تو هزاران یادگار از من بود
جوهر هستی وجود ما به هم پیوسته است
در خیالت خاطراتی ماندگار از من بود

روزی آخر میشناسی بهترین یاران خویش
زوج زیبائی که آغوش تو با جان میخرند
مادری بس نازنین و سروری نیکو، پدر
نو نهالی چون تو را با جان و دل میپرورند

میرسی آخر به روزی که تو هم گردی پدر
پروری فرزند خود در گرمی دامان خویش
تا که او هم یک زمان مادر شود یا که پدر
تا فدای او کنی، چون من، متاع جان خویش

* * *

# درباره هرمز منصوری
*

هرمز منصوری در سال ۱۳۱۸ شمسی در اصفهان دیده به جهان گشود و در دامان خانواده ای دانش پژوه و شیفته فرهنگ و هنر پرورش یافت.

تحصیلات دبستان و دبیرستان را در تهران گذراند و از دبیرستان البرز فارغ التحصیل شد، سپس به زادگاه خود اصفهان بازگشت و در دانشکده پزشکی اصفهان به تحصیل پرداخت و در سال ۱۳۴۳ به اخذ درجه دکترای پزشکی نائل گردید و در همان سال، با عنوان دانشجوی رتبه اول پزشکی، مدال درجه اول علمی وزارت فرهنگ به او تعلق گرفت.

دکتر منصوری در سال ۱۹۶۶ میلادی به امریکا آمد و تحصیلات تخصصی خود را در رشته های جراحی عمومی و جراحی عروق محیطی دنبال کرد و از سال ۱۹۷۲ تا سال ۲۰۱۷ در ایالت نیویورک به خدمات پزشکی و تدریس در دانشگاه ایالتی نیویورک اشتغال داشت.

عشق و علاقه به ادبیات، شعر و نویسندگی از سنین خردسالی در وجود او تجلّی کرد. در مکتب پدر که ریاضی دان و مردی ادیب، شاعر، نویسنده، موسیقیدان، و نقاش بود و عمری را در خدمت به فرهنگ گذراند به فرا گرفتن فنون نظم و نثر و موسیقی پرداخت و در عنفوان جوانی آثاری از قبیل داستانهای کوتاه، اشعاری در قالب غزل، قصیده، رباعی و غیره عرضه داشت.

نواختن تار را در دامان پدر، که خود در این فن تبحّری فراوان داشت، در سنین شش هفت سالگی آغاز کرد و در اوان جوانی به آهنگ سازی در موسیقی سنتی ایرانی پرداخت.

دکتر منصوری در امریکا پیوند دیرینه خود را با فرهنگ و ادب ایرانی و میراث آباء و اجدادی خود از طریق همکاری با انجمنهای ایرانی، شرکت در برنامه های شعر و موسیقی، ایراد سخنرانی و برگزاری جشنهای ملی از قبیل مهرگان و همکاری با نشریات فارسی زبان در امریکا همواره محفوظ داشته است.

در سال ۱۹۹۸ میلادی گزیده ای از اشعار دکتر منصوری بنام «شمع دل» در امریکا به چاپ رسید.
در سال ۲۰۰۸ دکتر منصوری رمانی به زبان انگلیسی تحت عنوان (The Surgeon: Anatomy of a Conspiracy) در امریکا بچاپ رسانید. این کتاب با همت دوست دیرین و ادیب وی ، کیوان رهگذار ، به فارسی ترجمه شد و با عنوان «جرّاح: در دام دسیسه» در امریکا به چاپ رسید.
در فوریه ۲۰۱۷ کتاب دیگری از دکتر منصوری بنام ( My Life. In the Mirror of Time) بزبان انگلیسی در امریکا چاپ گردید.
در مارچ ۲۰۱۸ کتاب « اندیشه و خیال» محتوی سلسله مقالاتی در مباحث اجتماعی و علمی و چهارده مقاله سریال در باره ستاره شناسی و جهان شناسی ، بزبان فارسی، از دکتر منصوری در امریکا به چاپ رسید.

در سال ۲۰۱۹ میلادی دومین گزیده اشعار دکتر منصوری ، تحت عنوان « ترنم شعر» در امریکا به چاپ رسید.

در سال ۲۰۲۲ کتاب My Universe بزبان انگلیسی ، شامل مجموعه ای از مقالات متنوع دکتر منصوری که طی بیش از سی سال گذشته به رشته تحریر در آمده بود، در امریکا به چاپ رسید.

سومین گزیده اشعار دکتر منصوری تحت عنوان «زبان شعر»، شامل اشعار جدید و نمونه هائی از اشعار کتاب «شمع دل» و «ترنم شعر » در سال ۲۰۲۲ به چاپ رسید.

کتابی که در دست دارید، « سرشک »، چهارمین گزیده اشعار دکتر منصوری است بعد از کتاب زبان شعر که شامل دست چینی از اشعار کتابهای قبلی نیز هست.

با فراغت از خدمات حرفه ای ، دکتر منصوری دوران بازنشستگی را با خواندن کتاب های علمی و ادبی و نگارش مقالات متعددی در زمینه های فرهنگی ، ادبی و علمی میگذراند. پیوند او با شعر و موسیقی نا گسستنی است.

انتشارات دکتر منصوری را در Amazon و ویدیو های وی را در YouTube و مقالات وی را در بلاگ Hmansouriblog.blogspot.com میتوانید مطالعه کنید.

* * *

213

از هرمزمنصوری به چاپ رسیده است:

\* \* \*

\* ۱۹۹۸ : شمع دل.  گزیده اشعار.

\* ۲۰۰۸ :   The Surgeon. Anatomy of a Conspiracy
رمان بزبان انگیسی.

\* ۲۰۱۷ : جراح در دام دسیسه.  ترجمه رمان انگلیسی
توسط کیوان رهگذار.

\* ۲۰۱۷ :   My Life. In the Mirror of Time
شامل دو بخش : بیوگرافی نویسنده و مجموعه ای از
مقالات  به زبان انگلیسی.

\* ۲۰۱۸ : اندیشه و خیــال (Reflections)
مجموعه ای از مقالات متنوع که از هرمز منصوری در
مجلات  فارسی زبان در امریکا به چاپ رسیده است.

* ۲۰۱۹ : ترنم شعــر.
گزیده ای از اشعار هرمز منصوری در سالهای اخیر و نمونه هائی از کتاب «شمع دل».


* ۲۰۲۲ : My Universe
مجموعه ای از مقالات متنوع هرمز منصوری ، بزبان انگلیسی، که طی بیش از سی سال گذشته برشته تحریر د ر آمده است.


* ۲۰۲۲ : زبان شعــر.
مجموعه ای از اشعار هرمز منصوری شامل نمونه هائی از اشعار کتاب «شمع دل» و کتاب «ترنم شعر» و سروده های چند سال اخیر.


* ۲۰۲۵ : سرشک.
کتابی که در دست دارید، چهارمین گزیده اشعار دکتر منصوری است.


\* \* \*